100년을 이어온 역사가의 길

100년을 이어온 역사가의 길

초판 1쇄 인쇄 2023년 6월 1일
초판 1쇄 발행 2023년 6월 15일

저 자 박 환

펴낸이 윤관백
펴낸곳 선인

등 록 제5 - 77호(1998. 11. 4)
주 소 서울특별시 양천구 남부순환로48길 1, 1층
전 화 02 - 718 - 6252
팩 스 02 - 718 - 6253
E - mail sunin72@chol.com

정 가 12,000원

ISBN 979 - 11 - 6068 - 821-4 03910

100년을 이어온 역사가의 길

박 환

선인

1958년 경북 청도군 이서면 수야동 출생

1978년 서강대학교 사학과 입학

1986년 수원대 사학과 교수 부임

2023년 8월 정년

긴 시간이 흘렀다.

역사가의 길을 걸은 지 30여 년의 세월. 독립운동, 그 가운데서 공간적으로는 중국, 러시아. 중앙아시아, 경기도, 시간적으로는 근현대시기에 주로 몰두하였다. 이른감은 있으나 새로운 출발을 위하여 그동안의 나의 작업을 회고기적 성격으로 정리해보고자 하였다. 아울러 나를 역사가의 길로 이끌어준 100년의 세월도 염두에 두고자 하였다. 증조부 박재범, 조부 박장현, 아버지 박영석 등이 그들이다. 시대적 한계와 아픔, 공과도 있을 것이다. 지금 딸과 아들도 역사학을, 독립운동사를 공부하고 있다. 나의 조부, 선친에 이어 4대가 역사에 관심을 기울이고 있는 것이다. 이것이 자랑거리가 되고, 명예가 될 수 있도록 역사명문가를 만드는 것이 소원이지만 간단한 일이 아니다. 시련 속에서도 묵묵히 끊임없는 도전과 노력, 열린 마음만이 살길이 아닌가 한다.

제1장에서는 20세기를 살아간 한 변방 역사학도의 여러 흔적들을 담담하게 되짚어 보고자 하였다. 50세에, 60세에, 그리고 정년을 앞두고 그 때 그 때 쓴 글들이다. 당시의 시점에서 감정과 감동을 그대로 옮기고 싶었다. 100년 동안 역사학을 하는 집안의 한 사람으로서 역사에 부끄럽지 않은 학자로 평가받기를 기대해 본다. 가능한 일일까? 부끄럽고 두렵다.

제2장에서는 연구과정에서 만난 소중한 인연들에 대하여 언급하고자 하였다. 조심스러운 부분이다. 그러나 그분들의 고마움을 후세에 남기고 싶어 용기를 내어 보았다. 일차적으로는 학문의 길로 들어서게 해주시고 묵묵히 후원해주신 가족과 은사님과 동학들을 언급할 수 있을 것이다. 다음으로는 한국민족운동사학회, 고려학술문화재단, 국가보훈부, 재외동포청, 독립기념관, 대한민국역사박물관, 국사편찬위원회, 전쟁기념관 등의 학회와 여러 기관들의 지원과 후원을 들 수 있다. 마지막으로는 연구 성과를 출판해주신, 일조각, 국학자

료원, 선인, 민속원, 경인문화사, 역사공간 등의 고마움을 말할 수 있다, 제한된 지면이라 한정된 학회 및 기관들을 중심으로 서술하고자 하였음에 용서를 구한다.

정년퇴임 준비로 7권의 책을 기획하였다. 신흥무관학교와 만주, 러시아한인 독립전쟁, 근대민족운동의 재발견, 한국독립운동사의 반성과 과제, 대한민국임시정부 답사기 등이 그것이다. 나의 연구 중심지역인 만주, 러시아, 경기도 등에 대한 연구저서와 그동안 정리 못한 중국답사기, 그리고 연구사정리와 전망 등이 그것이다. 고난과 시련, 어려움도 있었다. 그러나 이를 극복하도록 도와주신 주변의 따뜻한 격려와 온정이 항상 있었다. 그저 감사할 뿐이다.

2023. 5. 문화당에서

청헌 박 환

차 례

[제2장•연구를 이끌어준 소중한 인연들]

제1장
잊혀진 영웅들의 부활을 꿈꾸며

50세에 바라본 역사가의 길
-격동의 80, 90년대, 잊혀진 대륙의 혁명가들에 대한 관심

2008년은 필자가 만 50세가 되는 해이다. 특히 9월이 그러하다. 생일이 추석날이기 때문이다. 나이 50이면 한 번쯤 자신의 길을 돌아보게 되는 것 같다. 학계에서는 아직도 소장학자로 불리는 경우도 종종 있지만 이제 중년 나아가 노년의 초입에 들어서고 있다는 표현이 정확할 것이다. 비록 50의 나이지만 운이 좋게도 약관의 나이인 20대 후반(1986년)부터 대학 강단에 섰으니 대학교수생활이 벌써 20여 년째이다.

일반적으로 자신의 학문세계를 논하는 것은 원로학자들이나 하는 것으로 알려져 있다. 그분들의 학문 세계를 엿보며 나의 공부 방향에 대하여 고민하고 생각해본 적이 한두 번이 아니다. 오늘 부족한 나의 연구 단상에 대하여 간단히 논하면서 나의 정체성을 확인해보고 필자의 연구행로에 여러분의 도움을 받고자 한다. 동료, 선학, 후배님들의 많은 질정을 바란다. 그리고 비록 젊다고 하더라도 앞으로 많은 분들이 저처럼 연구에 대하여 논하는 자리가 계속 이어지기를 바란다.

부친의 영향으로 역사학에 입문

만주지역에 대한 관심은 부친이신 박영석 교수(전 국사편찬위원회 위원장, 건국대교수)로부터 받았다. 부친은 퇴근 후 항상 우리들을 모아놓고 하루일과를 말씀하시고 자신이 공부하는 내용을 재미있게 옛날이야기처럼 들려주시곤 하였다. 우리 형제들이 역사학에 관심을 갖게 된 것은 자연스러운 일이었다. 특히 만주 대륙은 어려서부터 하도 많이 들어 항상 동경의 대상이었으며 나의 꿈은 대륙을 누비는 것이기도 하였다. 1990년 처음 만주벌판을 답사하였을 때의 감격은 지금도 잊을 수 없다. 당시 나는 연변지역의 최홍빈 교수와 젊은 학자인 김춘선, 유병호, 김태국 등과 만나는 행운을 얻기도 하였다.

부친은 만주지역 한인독립운동사를 공부하면서 중국사, 일본사, 러시아사에도 깊은 관심을 보이셨다. 부친의 이러한 학문적 경향은 막내 동생인 박강 교수(부산외대)에 의해 계승되고 있다. 동생의 대표적 저술은 『중일전쟁과 아편』(지식산업사, 1995) 등이다. 필자 역시 부친처럼 한국의 주변국에 대한 충분한 이해를 바탕으로 한국사를 이해하고 싶다. 그래서인지 일찍부터 동양사, 서양사 전공자와 교류를 갖고 싶어 했고, 또한 한국민족운동사학회의 발표 등에서도 이들 전공자와 유대를 강조해 왔다.

부친은 항상 한문의 중요성을 말씀하셨다. 필자가 일제시대 유학사를 해보면 어떨까 생각하셨던 것 같다. 부친의 뜻에 따라 서강대에 입학한 후 처음에는 철학과를 지망하고자 하였으나 둔재임을 자각하여 포기하고 사학을 전공으로 철학을 부전공으로 택하였다. 필자는 부친의 뜻대로 대학교 1학년 때부터 한문공부를 하였다. 조부님과 동학이신 우인(조규철) 어른께 한문을 공부하러 돈암동 댁을 찾아뵌 기억이 난다. 선생께서는 민족문화추진회를 추천해 주셨고, 그 후 동초 이진영 선생님 등 여러 한학자들로부터 한문을 접할 수 있는 기회를 가졌다. 기억에 남는 것은 신호열 선생님으로부터 『시경』을 배우던 시절이다. 얼마나 『시경』을 감칠맛 나게 잘 설명해주시던지 필자 역시 강의를 하면 앞으로 그렇게 해야 하겠구나 결심하기도 하였다. 『통감절요』를 강의해 주신 김도련 교수의 강의 역시 명강으로 기억된다. 『대전회통』을 강의해주신 한우근 교수 강의 역시 그러하다. 60세 이후에는 일제하 경상도지역 유학사를 정리해보고 싶은 것이 나의 바람이다.

부친은 부지런하신 분이다. 지금도 병중이시지만 하루 7-8시간은 책상에 앉아 연구를 하고 계신다. 공부가 건강을 해치실까봐 걱정이다. 부친은 필자가 어린 시절부터 항상 아침 일찍 일어나 학문에 몰두하셨다. 잠에서 깨어나 일어나 보면 새벽에도 공부에 열중하시던 부친을 목도해 왔다. 필자가 부족하지만 새벽형 인간으로 부지런한 것은 모두가 부친의 영향 때문이 아닌가 한다. 아울러 자식들에게 여행의 중요성을 말씀하시며 일찍부터 외국기행을 할 수 있도록 배려해 주셨다. 또한 답사를 다니시면 항상 기행기를 쓰셨다. 신문에도 발표하시고, 기고한 글들을 묶어 책으로 출간하시기도 하였다. 부친의 이러한 습관은 고스란히 필자에게도 이어졌다. 부친은 항상 자신의 글은 묶어 놓아야지 흩어지면 찾을 수 없게 된다고 하시면서 책으로 간행할 것을 권하시었다. 필자가 다작의 연구자가 된 것은 이러한 연유 때문이 아닌가 한다. 필자는 부친의 정서와 학통을 그대로 이어받은 첫 제자가 아닌가 종종 생각하게 된다.

은사님들의 소중한 가르침

러시아에 대한 관심은 서울대 교수였던 고 김철준 교수의 가르침에 의해 확고해졌다. 대학 1학년 때 부친의 심부름으로 서울대학교를 방문하였을 때 선생께서는 필자에게 러시아어와 러시아의 중요성을 강조하셨다. 비록 짧은 만남이었지만 선생의 가르침은 항상 내 마음에 자리 잡고 있다.

1992년 1월 러시아를 기행할 수 있는 기회가 있었다. 나는 자비로 이 여행에 동행하였고, 처음으로 하바로브스크, 이르크츠크, 모스크바, 상트피터스부르크, 카자흐스탄 알마아타 등 러시아와 카자흐스탄을 방문하였다. 붕괴되는 구소련을 답사한 것은 역사학자로서는 큰 행운이었다. 그 후 1995년에 고려학술문화재단(이사장 장치혁)의 후원으로 러시아 연해주 및 중앙아시아의 카자흐스탄, 우즈베키스탄, 키르키즈스탄을 답사하게 되어 이 분야에 더욱 흥미를 갖게 되었다. 그 후 지금은 생사를 알 수 없는 고려인 문와짐, 러시아 연해주 블라디보스토크에 있던 유영대 고합지사장, 극동대학교의 양대령 교수, 현대호텔의 남상무 사장 등의 후의로 이 분야 연구를 지속적으로 할 수 있었다. 특히 보훈신문사 노경래 기자는 사진 부분에 많은 도움을 주었다.

　러시아에 대한 관심은 만주지역을 보다 잘 이해하기 위한 방편으로 출발하였다. 이제 만주지역으로 연구 관심을 돌릴 시기가 되었다고 생각하고 있다. 1990년대 초에 연구 분야를 러시아로 옮긴 것은 만주지역 자료를 보는데 일정한 한계가 있어 연구에 제약이 많다고 판단하였기 때문이었다. 아마도 10여 년의 세월이 흐르면 중국 당안 자료들도 자유로이 볼 수 있고, 만주지역 항일운동을 연구하는데 필수적인 북한 방문 또한 가능하지 않을까 생각하였다. 세월이 흘러 중국 당안도 많이 접할 수 있게 되었다. 또한 북측의 방문 역시 일정 부분 가능해져, 몇 년 전 백두산 항일 전적지 등 북한지역에 위치한 유적지들을 둘러볼 기회를 가졌다. 아울러 북측 학자들과 만주지역 항일전적지들을 공동답사할 기회도 있었다. 이제 주변에 대한 이해는 어느 정도 이루어졌고, 본격적인 만주지역 연구만이 남아 있는 상황이라고 할 수 있다. 내년 초 만주지역 독립운동에 대한 저서를 간행한 후 본격적으로 연구에 정진하려고 한다.

학문적 방법론은 서강대 은사이신 이기백, 이광린 교수로부터 큰 은덕을 입었다. 두 원로교수님으로부터는 민족과 진리, 미시사, 생활사, 인간사 및 문헌고증학적 방법론을 배웠다. 항상 새로운 것을 발표하도록 격려하셨던 이기백 선생님의 수업은 '고문' 그 자체였다. 새벽녘에 자다 말고 벌떡 일어나 책상에 앉은 것 역시 헤아릴 수 없으며, 선생님의 싸늘한 눈빛이 보이는 악몽을 얼마나 많이 꾸었는지 모른다. 이광린 선생님의 제자 사랑은 준엄함 그 자체였다. 선생님의 부지런함과 담백함은 아직도 나의 몸에 그대로 체득되어 있다. 선생님처럼 필자도 일찍 출근하여 책상머리에 앉아 있다. 대학시절 아침 일찍 학교 교정에 들어서면 항상 인문대 선생님의 연구실에 불이 켜져 있었다. 그 시절이 그립기만 하다. 차하순 선생님은 석사생 이상은 모두 프로라며 프로근성을 갖도록 질책을 아끼지 않으셨다. 아직도 열심히 학문에 정진하는 선생님의 소식을 간간히 듣고 학문적 호기심과 즐거움으로 가득 찬 선생님의 해맑고 천진스러운 모습을 떠올리게 된다. 학자의 학문적 즐거움은 그런 것인가 보다. 홍승기 교수로부터는 말로 표현할 수 없을 정도의 애정이 담긴 철저한 지도를 받았다. 비록 시대는 다르지만 필자의 영원한 스승이시다. 무엇보다도 홍 선생님으로부터 제자에 대한 애정과 관심 그리고 학문에 대한 열정을 배웠다.

　구술의 중요성은 일찍부터 부친을 통하여 배웠으며, 사진의 촬영

및 필요성에 대하여는 국립중앙박물관장인 최광식 교수로부터 큰 교시를 받았다. 1990년 최광식 교수(당시 대구 효성여대교수)와 만주지역 답사 시 그는 세 대의 카메라를 가지고 다니며 촬영에 분주하였다. 당시의 충격과 조언은 지금도 생생하다. 대학원 재학 시 학설이 있는 학자가 될 것을 강조하신 고려대 강만길 교수와의 만남 역시 실사구시적 학문 및 미시사에 치우쳐 있는 필자에게 항상 큰 가르침으로 자리 잡고 있다. 또한 동료인 노경채 교수와 만남 역시 큰 행운이었다. 선이 굵은 그의 연구와 와우리에서의 수많은 대화는 나의 학문 발전에 스승으로 위치하기에 부족함이 없다.

그동안 여러 큰 스승님들로부터 소중한 가르침을 받아왔지만 이를 실천하는 것은 필자의 몫이다. 앞으로 남은 기간 동안 주옥같은 말씀들을 실천에 옮기고 싶다.

대학원 제자가 별로 없는 수도권대학 교수로서의 단점을 필자는 학회활동을 통하여 보완하고자 하였다. 한국민족운동사학회의 경우 필자에게는 삶의 또 다른 현장이었다. 수많은 학문적 동지들과의 만남은 현실에 안주하지 않고 항상 깨어나 있을 수 있도록 해주었다. 앞으로도 학회를 분신처럼 생각하고 보다 발전하는 학회로 만들어가고 싶다.

만주, 러시아지역 연구

　　필자는 지금까지 국내외지역의 독립운동사를 중심으로 연구하여 왔다. 특히 그 가운데서도 만주, 러시아지역 등 해외 한인 독립운동과 수원, 화성을 중심으로 경기도지역의 항일운동사에 관심을 기울여왔다. 이념적으로는 민족주의, 아나키즘 등에 주목하였다. 여러 책 중 특별히 애정이 가는 저서는 『경기지역 3·1독립운동사』(선인, 2007)와 『러시아지역 한인민족운동사』(탐구당, 1995) 그리고 만주 러시아지역의 답사기들이다. 이 책들은 그 분야의 개척적인 연구서 및 답사기로써 일익을 담당할 수 있을 것으로 보인다.

　　앞으로는 중앙사보다는 지역사, 운동사보다는 생활사, 가족사, 사진 등 문화콘텐츠, 유학사 등에 관심을 기울여보고자 한다.

첫 저서의 출간:『만주한인민족운동사연구』(일조각, 1991)

부친의 영향으로 어려서부터 만주를 동경하던 필자는 1990년 여름 서강대학교에서 만주지역의 항일독립운동으로 박사학위를 받았다. 그 결과물로서『만주한인민족운동사연구』를 간행하였다. 이 저서는 1919년 삼일운동 이후 만주지역에서 전개된 항일운동을 천착한 것이다. 이 책의 특징은 인물들을 다양한 기준을 통하여 분석하고 있다는 점일 것이다. 혹자는 이것을 집단전기학을 최초로 근현대사에 적용한 저술이라고 평하기도 하였다.

그 이후에도 지속적으로 만주지역의 항일운동에 관심을 기울이고 있으며 여러 편의 논고를 발표하였다. 후속 논문들을 정리하여 만주지역에 대한 단행본을 구상하고 있다.『만주지역 항일독립운동과 한인의 삶』(가제, 2009년도 간행예정)

시베리아에 대한 동경(1991-현재)

만주지역 항일운동을 올바로 이해하기 위해서는 인접한 러시아지역에 대한 이해가 필수적이라는 사실을 깨달았다. 더욱이 앞으로 만주지역에 대한 연구를 보다 심도 있게 하기 위해서도 러시아지역에 관심을 기울여야 할 것이다. 1992년 러시아 탐방이후 본인의 연구는 러시아지역에 집중되었다. 그 첫 결과물이『러시아한인민족운동사』(탐구당, 1995)이다. 본서는 러시아지역 한인민족운동에 대한 최초의 본격적인 저서일 것이다.

본서를 간행하기 위하여 화장실 가는 시간도 아까워했던 기억들이 새롭다. 해조신문, 대동공보 등 새로운 자료를 보는 감동은 신대륙 발견 이상의 것임을 누구나 다 짐작할 수 있을 것이다. 그 후『재소한인 민족운동사』(국학자료원, 1998), 『러시아지역 한인언론과 민족운동』(경인문화사, 2008) 등을 연이어 간행하였다. 현재에는『러시아 조선인민회와 친일파』등의 간행을 준비하고 있다.

만주 시베리아 대륙 답사의 감동: 답사록 간행(1991-2008)

만주, 러시아지역에 대한 이해는 문헌자료를 중심으로만 이루어질 수 없었다. 그러므로 본인은 만주와 러시아지역에 대한 수차례의 답사 및 자료수집 여행을 하였다. 그 결과물을 토대로 연구결과를 보다 풍성하게 하고자 하였다. 답사여행은 단지 여행으로 그쳐서는 안된다고 생각했다. 답사를 하지 못한 분들과 함께 공유하는 것이 중요하다는 인식을 갖고 있었다. 『만주지역 항일독립운동답사기』(국학자료원, 2001), 『박환의 항일유적과 함께 하는 러시아기행(1, 2)』(국학자료원, 2002) 등은 그러한 생각에서 이루어진 것들이었다. 이들 저서는 몇몇 학자들의 단편적인 여행기를 제외하면 만주, 러시아지역을 따로 나누어 한국 측에서 저술한 본격적인 답사기라고 생각된다. 최근에는 지역별로 보다 체계적이고 시각적인 측면을 고려하여 이들 책자의 개정판 작업에 착수하였다. 『박환교수의 러시아한인유적답사기』(국학자료원, 2008)는 이미 출간되었고, 『박환교수의 만주한인유적답사기』는 조만간 간행될 예정이다. 앞으로 이러한 책을 바탕으로 하여 역사교사들을 대상으로 하는 답사에 참여하고 싶다.

잊혀진 대륙의 혁명가들에 대한 애정(1991-현재)

만주, 러시아지역을 다루면서 그 지역에서 활동했던 인간들에 주목하였다. 그들이 결국 역사를 움직이는 주체들이었기 때문이었다. 그 결과물로서 『나철 김교헌 윤세복』(동아일보사, 1992), 『대륙으로 간 혁명가들』(국학자료원, 2003), 『잊혀진 혁명가 정이형』(국학자료원, 2004), 『시베리아 한인민족운동의 대부 최재형』(역사공간, 2008)이란 책이 발간되었다. 이 책들은 인간에 주목하면서 논문을 보다 일반인들에게 쉽게 접근할 수 있도록 한다는 의도에서 간행한 것이다. 앞으로도 이들 다양한 인간상에 접근해보고자 한다. 항일운동을 연구하다 보니 항일과 친일의 이분법 때문에 역사 속의 다양한 인간들을 올바로 살펴보지 못한 것 같다. 이를 위해 『김좌진 장군 평전』, 『김경천 장군 평전』, 『러시아지역 한인민족운동가와 민족운동』 등을 준비하고 있다.

시대적 분위기에서의 방황과 자아의 실현: 한인아나키즘운동 연구 (1991-2004)

1970, 80년대를 살아오면서 어느 한편에 서기를 강요받은 느낌이 크다. 결국 이러한 시대적 분위기는 아나키즘에 관심을 갖도록 하였다. 아나키즘의 주체적 자주적 성격, 비조직적 성향은 자연히 역사 속의 아나키즘에 심취하도록 하였다. 특히 아나키즘 이론가인 하기락선생, 관서흑우회의 중심인물이었던 현장 노동자 겸 이론가 최갑룡선생, 만주지역 아나키스트였던 이강훈 선생님 등과의 만남은 이 분야 연구에 더욱 매진하도록 하였다. 최갑룡 선생의 경우『한국아나키즘운동사』를 저술한 인물인데 그가 작고한 후, 그때의 인연으로 모든 자료를 수원대 도서관에 기증하였다. 지금은 모두 고인이 되셨지만 이들 운동가들과의 만남은 운동가들의 논리들을 생생하게 이해하는데 큰 도움이 되었다. 이를 바탕으로 한인 아나키즘에 대한 여러 편의 논고를 집필하였고, 그 결과물을『식민지시대 한인아나키즘운동사』(선인, 2004)로 간행하였다.

오늘날까지 필자가 공동연구를 꺼려하고 자아를 지나치게 강조하는 경향은 아나키즘적 분위기와 관련이 있는 듯하다.

러시아 한인 언론 100년사의 최초 정리: 『러시아지역 한인언론과 민족운동』(경인문화사, 2008)

2008년은 러시아에서 처음으로 간행된 한글신문 『해조신문』의 창간 100주년이고, 사회주의 신문 『선봉』의 창간 85주년인 뜻깊은 해이다. 이에 어둡고 암울했던 시절, 우리 동포들의 길잡이 역할을 하였던 러시아지역 한인언론에 대한 연구가 본격적으로 이루어져야 할 때라고 생각된다. 이것은 지금까지 소외되고 잊혀졌던 한국언론사의 한 부분을 복원시킨다는 차원에서 일차적으로 그 의미가 크다. 아울러 러시아지역 한인의 역사와 한국 근현대사의 복원 그리고 한민족 공동체의 형성과 한민족의 동질성 회복을 위해서도 그러하다.

본서는 구한말부터 현재에 이르기까지 러시아지역에서 간행된 한글신문들을 민족운동의 관점에서 체계적으로 정리하기 위하여 모두 6장으로 구성되었다.

1장에서는 구한말 블라디보스토크에서 간행된 최초의 한글 신문인 『해조신문』과 안중근 의거와 밀접한 관련을 맺고 있는 『대동공보』를 살펴보았다. 구한말의 한인언론은 이 지역의 의병활동과 안중근 의거 등을 이해하는 데 큰 도움을 주고 있다.

2장에서는 신채호, 이상설, 장도빈 등이 주필이었던 권업회의 기관지인 『권업신문』과 이강과 춘원 이광수 등이 주필이었고, 치타에서 간행된 대한인국민회 시베리아지방총회의 기관지인 『대한인정교보』 등을 다루었다. 이들 언론들은 1910년대 국내외에서 가장 활발하게 전개되었던 러시아지역 한인독립운동의 원동력이 되었던 점에서 각별히 주목된다.

3장에서는 러시아 혁명기의 한인언론을 다루었다. 『청구신보』, 『한인신보』, 『국민성』, 『자유보』, 『동아공산』, 『붉은긔』, 『새세계』, 『신생활』, 『로동쟈』 등이 그것이다. 『청구신보』와 『한인신보』에서는 러시아 혁명기 한인들의 진로에 대한 고뇌를 읽을 수 있으며, 『국민성』, 『붉은긔』 등에서는 새로운 사회주의 건설을 위한 한인들의 가열찬 투쟁을 짐작해 볼 수 있다. 이들 중 『국민성』, 『자유보』, 『신생활』, 『새세계』 등은 이번에 처음으로 소개되는 것으로 신선감을 더해줄 것이다.

4장에서는 러시아 혁명이후의 한글 신문으로 『선봉』을 비롯하여 『연해주어부』, 『광부』, 『당교육』, 『동방꼼무』나, 『공격대원』, 『쓰딸린녜츠』, 『레닌광선』 등을, 잡지로는 『말과 칼』, 『앞으로』 등을 살펴보았다. 이중 『선봉』은 올해 창간 85주년을 맞는 가장 오랫동안 간행된 신문이다. 러시아혁명이후 사회주의체제로 편입되어 가는 한인들의 삶을 살펴볼 수 있어 흥미롭다.

5장에서는 1937년 중앙아시아로의 강제이주 후 그곳에서 간행된 대표적인 신문인 『레닌기치』와 그 후신인 『고려일보』 등을 중점적으로 다루었다. 전자는 중앙아시아에서 스탈린 체제하에 살고 있던 한인들의 이해에 도움을 주며, 후자에서는 개혁개방 이후 새로운 체제로 적응해가는 한인들의 생동감을 엿볼 수 있다. 아울러 본장에서는 우즈베키스탄에서 새로이 발간된 『고려신문』, 러시아에서 간행되고 있는 『러시아고려인』, 『겨레일보』, 『새고려신문』 등에 대하여도 알아보았다.

6장에서는 러시아지역 한인언론의 성격을 시기별로 나누어 검토하였다. 구한말과 러시아혁명 이전에는 국권의 회복과 조선의 독립, 러시아 혁명기에는 조선의 독립과 새로운 이상사회 건설, 혁명 이후에는 사회주의 국가 건설, 1937년 강제이주 후에는 소련의 공산주의 체제 유지 및 정책적 지도에 대한 협조 그리고 1991년 구소련 몰락 이후에는 한인들의 새로운 삶을 개척하기 위한 개혁 개방의 노력들이 신문에 잘 나타나 있다.

본서에서는 러시아 한인언론 100년사를 다루면서 주로 한인들의 민족운동에 주목하고자 하였다. 항일독립운동 시기인 구한말부터 1922년 러시아 내전이 끝나는 시기까지에 더욱 비중을 두게 된 것은 이 때문이다. 그 결과 연해주 지역의 의병활동, 안중근의거, 성명회, 13도의군, 애국계몽운동, 권업회, 대한인국민회 시베리아지방총회 등 이 지역의 독립운동을 좀 더 심층적으로 이해하는 데 기여할 수 있을 것으로 판단된다. 그러나 민족운동에 주목한 결과 한인들의 이민, 일상

생활사, 문화, 러시아의 대한인정책 등 다양한 부분들을 간과하는 우를 범하였다.

본서의 간행을 통하여 러시아지역 한인언론의 전체상이 어느 정도 개략적이나마 체계화된 만큼 앞으로 이를 토대로 러시아와 중앙아시아의 한인들의 삶의 모습들을 보다 다양하고 심도 있게 밝힐 것을 다짐해 본다.

새로운 주제를 꿈꾸며

새로운 돌파구 사진(2005-현재)

어렸을 때부터 사진에 대한 남다른 관심이 있었다. 초등학교시절에도 사진기를 들고 찍은 사진이 여러 장 있다. 특히 부친은 일찍부터 사진에 관심이 많으셨다. 아사이펜탁스 등 좋은 사진기들을 많이 갖고 계셨으며, 박사학위 논문을 작성하실 때에는 인화기를 집에 설치하고 피피톨 등을 이용하여 사진을 인화하시기도 하였다. 그런 영향 때문인지 필자도 일찍부터 사진을 배우고 싶었다.

『러시아지역 항일독립운동가 추모특별기획전-시베리아의 항일영웅들』(국가보훈처, 2003) 『사진으로 본 근대화성의 옛 모습』(화성시, 2005) 등은 그러한 연속선상에서 이루어진 것들이다. 최근에는 『식민지시대 화성지역 교육관련 자료집 및 사진집』을 준비하고 있다.

나의 꿈은 만주 러시아 및 경기도지역에 대한 사진아카이브를 만드

는 것이다. 이를 토대로 문화콘텐츠 부분에 좀 더 관심을 기울이고자
한다. 아울러 다른 학문분야 학자들과도 유기적인 관계를 지속적으
로 발전시켜 나가고 싶다.

잔잔한 재미를 주는 기획 전시(2005-현재)

근현대 계통의 박물관을 방문하면 가끔 역사적 내용과
다른 설명문이 붙어 있는 것을 보고 당황하는 경우가 자주 있었다.
이에 필자는 이점들을 수정해 보고 싶었다. 방법은 전공학자들이 사
진 및 자료를 제공하고 이에 대한 설명문을 작성하는 것이다.

『인천 계양구 3·1운동 전시자료 수집 보고서』(2004), 『중국 흑룡강성
한중우의공원 전시자료 수집보고서』(2005), 『러시아 한인독립운동 기
념관 전시자료 수집보고서』(2008) 등은 이러한 생각에서 작성된 것들
이다.

만주 흑룡강성 해림에 지어진 한중우의공원 내 전시관을 가보면
가슴 뭉클하다. 조규태 교수와 황민호 교수의 도움이 컸다. 러시아지
역 독립운동기념관은 2009년 초에 연해주 우수리스크에서 완공될 예
정으로 있다

지역사 연구(1995-현재)

　　1986년 수원대에 부임한 이후 이 다음에 묘비에 수원유생으로 기록될 수 있도록 생활하겠다고 결심하였다. 그리하여 나른하고 피곤할 때면 학교주변의 역사유적지와 바닷가들을 자주 돌아다니며 자료들과 사진들을 수집하곤 하였다. 만주 시베리아 대륙을 다니는 필자에게 수원, 화성은 아기자기한 장난감 같은 곳이기도 하였다.

　1995년부터 경기도지역사 연구에 본격적으로 관심을 기울였다. 1995년은 광복 50주년을 맞이한 해로써 각 지역마다 자신의 정체성 확보에 관심을 기울였기 때문이었다. 경기도 화성시에 위치한 수원대학교에 봉직하고 있는 본인으로서는 지역사회에도 봉사해야 한다는 인식을 평소에 갖고 있었다. 더구나 벌써 지역대학에 재직한지도 23년이란 세월이 흘렀다. 지역에 대한 연구는 수원지역에서부터 시작되어 화성, 용인, 안성, 인천지역에 까지 확대되었다.

　그 결과물이 『경기지역 3·1독립운동사』(선인, 2007)이다. 공저로『화성화수리 고주리 삼일운동 유적 실태조사보고서』(2002), 『화성지역 삼일운동 유적지 실태조사보고서』(2004), 『화성지역 3·1운동과 항일영웅들』(2005)『화성출신 독립운동가』(2006) 등을 출간하였다. 2009년에는 삼일운동 90주년을 맞이하여『화성지역 삼일운동 답사기 및 증언록』을 간행할 예정이다. 이들 지역사에 대한 연구는 경기지역사에 대한 개척적인 연구성과들이다. 지역사에 대한 관심은 안동대학교의 김희곤 교수로부터 많은 시사점을 얻었으며, 수원박물관의 한동민 선생으로부터 많은 도움을 받았다.

바람과 희망

지금까지 살펴본 바와 같이 만주, 러시아지역의 한인민족운동, 독립운동가들, 한인아나키즘운동, 경기도지역 항일민족운동 등 식민지시대 국내외 독립운동에 주로 관심을 기울이고 있다. 얼핏 보면 다양해 보이기도 하지만 한인민족운동을 입체적으로 살피기 위해서는 필수적인 작업들이라고 할 수 있다. 2000년에는 나 자신의 연구 성과를 점검해보고 앞으로의 연구방향을 검토하기 위해 『20세기 한국근현대사 연구현황과 쟁점』(국학자료원, 2001)이란 졸저를 간행하였다.

약 20년 가까운 세월동안 발간한 졸저들을 검토해 볼 때 만주, 러시아지역의 항일민족운동과 해외 아나키즘운동 등 미개척분야에 도전장을 내어 조금이나마 견인차 역할을 한 것 같다. 앞으로의 연구 역시 이러한 연구들을 토대로 이루어질 것이다.

나의 고향은 경북 청도군 이서면 수야리 산골이다. 어려서 태어나 대구로, 서울로 이사를 와 고향에 대한 기억은 별로 없지만 장남이라는 무게 때문인지 일찍부터 애착을 가져왔다. 작년 9월에는 경북 청도지역의 항일독립운동에 대한 학술회의도 개최하였고, 고향에 대한 글을 써보기도 한 것은 큰 보람이었다.

2005년의 상처는 가족사와 조상들에 대한 깊은 애정을 갖도록 하였다. 그 결과 『훨훨 바람이 되어 날고 싶어 했던 당신-장은미 추모집』(2005), 『경북 청도 수야와 가족이야기-할머니 탄신 100주년 기념』(중산 박장현기념사업회, 2006) 등의 책들을 비매품으로 간행하였다. 앞으로 조부의 문집인 『중산전서』의 번역 발간 연구에 관심을 기울일 예정이다. 아울러 집안에 남아 있는 조부 관련 자료들과 만주지역 관련 자료, 아나키즘 관련자료, 경기도 관련 자료, 청도지역 자료들을 정리하는 데 매진할까 생각하고 있다.

퇴직 후에는 교사들을 대상으로 "박환교수와 함께하는 러시아, 만주, 화성, 경북 청도" 등의 문화유적 해설사로 일하고 싶다.

필자는 다른 분들과 달리 역사학자의 집안에서 태어났다. 4대에 걸쳐 역사학을 하고 있고 누님과 동생들도 나의 딸 역시 역사학을 하고 있다. 역사학이 가학이라는 이 부분은 항상 나에게 중압감으로 다가온다. 무엇인가 달라야 하지 않겠는가. 조금 더 남에게 양보하고, 학자들 간에 동지로서의 이해심과 유대감을 갖는 것이 그 첩경이 아닐까 한다.

회갑: 치열하게 살았던 지난 10년
-신보수주의 시대: 잊혀진 독립운동가의 발굴과 정리

1958년 8월 15일생이다. 속칭 황금 개띠로 2018년은 만으로 60이 되는 해이다. 벌써 올해도 4월이 가고 5월이 성큼 다가 왔다. 요사이는 세월을 잡고도 싶고 계절의 하루하루를 잘 즐기며 살고 싶다는 생각들이 강하게 든다. 개인적으로는 그동안 인간적으로나 학문적으로도 산처럼 항상 받쳐 주시던 아버님이 세상을 떠나시고 홀로서기를 하는 첫해여서 그런지 왠지 낯설고 두렵기도 한 그러한 시기인 것 같다.

2018년. 새로운 시작을 준비하여 지난 10년의 세월을 반추해 본다. 먼 훗날 과거의 삶을 보다 생생하게 반추하고 싶어서인가 보다. 10년 전 건방지게 〈새로운 주제를 꿈꾸며〉라는 제목으로 50살까지의 나의 인생을 정리해 본 적이 있다. 가끔 들여다보면, 옛 생각이 떠올라 좋은 추억이 된다. 나이 들면 추억을 먹고 산다고들 하지 않는가. 나이 먹음을 흉내 내고 싶은가 보다.

사람들은 충고한다. 이제 좀 더 거시적인 글들을 쓸 것을. 그동안 미시적인 주제들에 집착한 것이 아닌가 한다. 앞으로는 보다 거시적이면서도 대중적이고 역사적 통찰력이 있는 글들을 쓰고 싶다. 아울러 주제도 좀 더 다양화 해보고 싶다. 지금까지 독립운동사에 천착해 왔다면 생활사, 경제사, 사상사 등에도 관심을 기울이고 싶다. 『박환교수와 함께 걷다-블라디보스토크』(아람, 2013), 『근대 해양인, 최봉준』(민속원, 2017)은 그 첫 단추가 될 것이다. 올해 아버님을 추억하는 2권의 책자를 간행하였다. 『사진으로 보는 중앙아시아 고려인의 삶과 기억의 공간』(2018, 민속원), 『페치카 최재형』(2018, 선인) 등이 그것이다. 전자는 일찍이 1980년대 중앙아시아를 방문하신 아버님을 개척정신을 추모하고 싶어서이다. 후자는 러시아에 관심을 갖도록 하여준 아버님에 대한 고마움의 표현이다. 앞으로 부친과 조부에 대한 자료 정리는 나의 큰 과제이자 짐이며, 또한 남은 인생의 즐거움이 될 것이다.

잊혀진 독립운동가들의 인물평전 간행:
최봉준, 최재형, 강우규, 안중근

　　　　　50대에 여러 인물전을 간행했다. 김좌진, 강우규, 안중근, 최봉준, 최재형, 정이형 등이 그들이다. 만주, 러시아지역에서 주로 활동했던 큰 인물들이다. 그들의 생애와 활동 등을 다양한 각도에서 살펴보고자 하였다.

　그 중 특별히 주목되는 인물은 최봉준이다. 다른 인물들은 주로 독립운동사적 시각에서 서술하였다. 그러나 최봉준의 경우는 『근대 해양인, 최봉준』이란 책 제목에서 짐작해 볼 수 있듯이 해양적 관점에서 주목하였다. 제2의 장보고라는 인식이 강하였다.

　최봉준은 시베리아의 대표적인 한인 자산가로서, 민회의 회장을 역임하는 등 여러 분야의 상징적 지도자로서 역사적으로도 중요한 인물이다. 구한말의 최재형이 연추지역을 대표한다면, 최봉준은 블라디보스토크를 대표하는 자산가였고, 전자가 무장투쟁을 대표하는 인물이었다면, 최봉준은 학교의 설립과 러시아 최초의 한글 민족지인인 『해조신문』을 간행하는 등 계몽운동을 대표하는 인물로 평가된다. 『근대 해양인, 최봉준』은 최봉준 서거 100주년을 맞이하여 그를 보다 다양한 각도에서 객관적으로 살펴보기 위하여 기획되었다. 그러나 최봉준을 더 잘 분석하기 위해서는 조선인의 러시아로의 이주, 이주한 조선인들의 러시아 연해주에서의 생활과 마을의 형성, 한국과 러시아, 특히 함경도지방과 러시아와의 무역 관계 등 다양한 주변 상황에 대한 접근도 필요하다고 생각된다. 이에 기존의 연구 성과들을 인용·참조하는 한편 자료 사진과 현재의 사진 자료들도 풍부하게 첨부하여 독자들의 편의를 도모하고자 하였다. 아울러 독자들의 이해를 돕기 위하여 장의 말미에 '읽을거리' 등을 추가하여 최봉준의 생애와 함께 그에 대한 당대의 평가나 시대 배경 등에 대해서도 다양하게 소개하고자 하였다.

여러 독립운동가들에 대한 글 중 우선 애착이 가는 인물은 최재형이다. 노비출신으로 시베리아 항일운동의 대부였고, 대한민국임시정부 재무총장을 역임하였다. 내가 발굴했고, 논문과 책자를 썼고, 2018년 11월에 그가 총살당했던 우수리스크에 기념관이 개관한다니 기쁘기 한이 없다. 잊혀진 혁명가를 새로이 역사 속에 부활시켜 드린

것 같아 큰 힘이 된다. 카자흐스탄, 키르키즈스탄, 모스크바에서 만났던 최재형의 자녀들이 눈이 선하다.

『강우규의사 평전』은 일제강점기 때 활동한 독립운동가 강우규의사의 삶과 업적에 대해 자세하게 담아낸 책이다. 제3대 총독으로 부임하는 사이토 마코토 마차에 폭탄을 던졌으나 뜻을 이루지 못하고 체포되어 사형당한 그의 독립에 대한 열정과 굳은 의지, 민족의식에 대해 그의 동료들과 기자, 가족들 등 여러 시선으로 살펴보았다. 또한 폭탄과 자금마련 등 의거까지의 전 과정을 수록하고, 의거 직후에 재판에 이르기까지의 과정, 남겨진 가족들의 슬픔에 대해 담아냈다.

강우규의사의 경우도 남다른 애착이 간다. 연구비 없이 오직 존경하는 마음으로 그의 책자를 만들어갔다. 60대의 노년에 블라디보스토크에서 남대문역까지 와서 조선총독으로 부임하는 사이토를 저격했으나 말이다. 감옥 안에서의 그의 의연한 태도는 더욱 감동적이었다. 후손들이 거의 없어 제대로 선양되고 있지 못한 것이 못내 아쉬웠다. 그가 사형당한 날인 11월 29일 새벽, 막 간행된 책자를 갖고 동작동 현충원 애국지사 묘역에 있는 그의 묘비에 헌정하였다.

『민족의 영웅 시대의 빛 안중근』(선인, 2013)은 역사가로서 객관적 사실과 풍부한 사진들을 바탕으로 작성한 안중근의사의 전기이다. 그동안의 연구성과를 총망라하여 이해하기 쉽도록 평이하고 간결하게 작성하였으며 젊은 세대들을 위하여 총 150여 장의 사진을 곁들였다. 해방 이후 역사학자가 본격적으로 작성한 최초의 안중근 전기이다. 책자의 뒷면에 나는 다음과 같이 적었다.

안중근의사는 일본 측이 말하는 것처럼 "범죄자"가 아닙니다. 이 시대가 가장 요구하는 평화주의자입니다. 안중근의사는 사형장에서 동양평화 3창을 요구하였습니다. 한국의 독립과 더불어 안중근의사는 동양평화를 강조하였던 것입니다.

오늘날 우리 시대의 가장 중요한 화두는 바로 평화입니다. 동양평화, 나아가 세계평화입니다. 여러분은 오늘날 언론매체들을 통하여 동양의 평화를 해치는 여러 이야기를 듣게 됩니다. 안중근의사가 더욱 주목되는 것은 바로 이러한 시대적 분위기 때문이기도 합니다. 역사가로서 객관적 사실과 풍부한 사진들을 바탕으로 안중근의사의 전기를 작성하였다고 생각합니다. 여러분과의 소통을 위해 역사학계의 그동안의 연구 성과를 총망라하여 이해하기 쉽도록 평이하고 간결하게 작성하였습니다. 아울러 젊은 세대들을 위하여 총 150여 장의 사진을 곁들였습니다. 특별히 사진 색인도 추가하였습니다. 사진 자료들을 최대한으로 모으고 정확한 설명을 달려고 노력하였습니다. 북한과 러시아 중국 등지에서 촬영한 사진들도 포함하였습니다.

위대한 역사학자 단재 신채호 선생이, 청년들이여! 크로포트킨의 "청년에게 고함"의 세례를 받으라고 하였습니다. 저는 이 시대의 역사학자로서, 청년들이여! 『민족의 영웅, 시대의 빛 안중근』의 세례를 받으라고 강하게 외치고 싶습니다. 이 책이 필자인 저에게도 깊은 감동으로 다가왔기 때문입니다.

일제의 갖은 심문과 인간적 고통 속에서도 동지들을 보호하기 위하여 노력했던 안중근의사, 그래서 지금까지도 안중근과 함께 활동했던 동지들의 이름은 정확하게 밝혀져 있지 않습니다.

이토 히로부미를 사살하게 된 경위 및 이유를 또박또박 분명하고도 확실하게 밝혔던 안중근의사, 이토 히로부미의 위상을 정확히 인식하지 못하고 오해하여 암살한 것이 아니냐고 다그치는 일본검찰관에 대하여 그의 죄악 15개조를 당당히 밝혔던 안중근의사.

천주교를 신앙하는 종교인으로서 살인을 할 수 있는가라고 힐책하는 일본 검찰을 향해 그 정당성을 당당히 밝히는 안중근의 아픈 마음을 큰 감동으로 느낄 수 있을 것입니다. 부인과 어머니, 동생들 그리고 동포들에게 남긴 그의 유언은 또 다시 우리의 마음을 더욱 감동스럽게 합니다.

그동안 부족하지만 20여 권의 역사서를 간행하였던 필자가 여러분의 동료로서, 한사람의 부모로서, 교육자로서, 여러분의 멘토로서 부모님들과 선생님들 그리고 여러분께 이 책을 권합니다. 여러분들께 조국에 대한 강한 사랑과 학문적 열정, 이웃과 더불어 사는 상생의 정신과 평화사상, 그리고 종교와 죽음에 대한 깊은 성찰을 하게 해줄 것입니다.

본받을 만한 위대한 영웅이 없는 이 시대에, 안중근의사는 시대의 빛이라고 할 수 있을 것입니다. 사랑하는 나의 지우들과 젊은이들에게 진심을 담아 안중근의 참모습을 살펴볼 수 있는 이 책의 일독을 권합니다.

연말에, 새해에, 새롭게 고등학교와 대학에 입학하는 학생들에게, 군에 입대하는 아들에게 그리고 부모님들과 선생님들께 이 시대의 역사학자가 진심을 담아 권합니다. 여러분들께 시대정신과 역사의식이 무엇인가를 느끼게 해줄 것입니다. 그리고 깊은 감동을 선물할 것입니다.

사진역사분석학의 제창-사진첩들의 간행

만주, 러시아, 중앙아시아 한인들의 사진첩 출판

1980년대 중후반부터 만주를 비롯하여 러시아, 중앙아시아 등지를 답사하면서 사진들을 촬영하였고, 수집하기도 하였다. 이제 30여 년의 세월이 흘렀고, 이들의 정리가 무엇보다도 필요하다는 생각들이 들었다. 민속원 출판사 홍종화 사장과의 만남은 나의 이러한 소망을 해결하는 큰 계기가 되었다. 2013년 러시아지역을 시작으로, 2016년에는 만주, 2018년에는 중앙아시아 고려인의 삶과 기억이라는 사진첩을 간행하였다. 러시아 사진첩의 경우 러시아어로도 번역되어 전 러시아권 지역에 배포되는 기쁨을 가져다주었다.

『사진으로 보는 러시아지역 한인의 삶과 기억의 공간』은 러시아한인 이주 150주년을 맞이하여 기획된 책이다. 지난 30여 년 동안 러시아 및 중앙아시아 각지를 다니면서 수집한 자료와 사진을 중심으로 러시아 한인들의 역사를 재구성하고 있다. 러시아로의 한인이주에 대하여 시대별로 살펴보고, 이어서 중앙아시아로의 강제이주와 현재의 한인들의 삶의 모습을 소개한다.

만주사진첩의 경우도 문화관광부 세종우수학술도서로 선정되었다. 특히 주목되는 것은 만주와 중앙아시아 사진첩에는 CD를 첨부하여 영상을 통하여 그 지역에 대하여 보다 깊이 있는 이해를 돕고자 하였다는 것이다.

만주사진첩, 『사진으로 보는 만주지역 한인의 삶과 기억의 공간』은 광복 71주년을 맞이하여 러시아편에 이어 기획되었다. 만주지역은 한국의 고토이며, 우리 민족의 삶의 애환과 땀이 서려 있는 곳이자, 항일무장투쟁의 현장이기도 하다. 이 책은 당시의 모습들을 새로운 사진, 지도, 동영상 등을 통하여 보다 생생히 신선미 있게 전달하고자 하였다. 압록강과 두만강 일대의 서간도와 북간도 그리고 북만주의 사진들은 더욱 감동적으로 다가 올 것이다. 아울러 통일적 국제연대적 시각을 통하여 남북통일과 동양평화에 주목하고자 노력하였다.

이 책은 사진역사학의 관점과 통일적 국제연대적 시각에서 학계에서 처음으로 만주지역으로의 한인이주와 독립전쟁, 독립운동가들, 친일단체들을 살펴보고자 하였다. 만주지역으로의 이주에 있어서는 한인들이 주로 거주한 남만주, 동만주, 북만주 지역을 중심으로 살펴보면서 그 풍광과 특징에 주목하고자 하였다. 처음으로 공개되는 한인밀접지역들의 풍경은 보는 이들의 마음을 설레게 하기에 충분할 것이다.

독립전쟁 부분에서는 1910년부터 1945년 해방에 이르기까지 만주지역에서 전개된 민족주의와 사회주의 계열의 독립운동을 전반적으로 다루고자 하였다. 1930~40년대의 사회주의 운동을 다룬 것, 만주지역 독립운동가들에 사회주의자들을 포함시킨 것 등은 독립운동의 폭을 넓히는 데 기여할 것이다.

만주지역에서 활동한 독립운동가들에서는 북한의 애국열사릉 묘비에 부착된 독립운동가 사진들도 포함하였다. 또한 만주지역의 한인들과 함께 투쟁한 중국인들에 대하여도 특별히 주목하고자 하였다. 한국인과 중국인들의 연대투쟁이 일본제국주의를 물리치는데 크게 기여하였기 때문이다.

독립군의 공격 대상이었던 친일조직인 조선인민회와 자경단에도 관심을 기울였으며, 만주지역을 보다 생동감 있게 보여주기 위하여 마적의 사진들과 1930년대 만주지역 동영상도 포함하였다.

『중앙아시아 고려인의 삶과 기억과 공간』은 고려인 강제이주 80주년을 맞이하여 기획되었다. 중앙아시아는 한민족 디아스포라의 대표적인 지역으로 우리 민족의 삶의 고장이자, 새로운 미래의 역사적 현장이기도 하다. 이 책은 당시의 사진과 자료, 그리고 영상과 음원을 통하여 중앙아시아 고려인의 역사를 보다 입체적으로 생동감있게 전달하고자 하였다. 위대한 항일여정의 후예들인 고려인의 미래가 바로 우리 한민족의 미래임을 자각하는 기회가 되었으면 한다.

한편 그동안 소장하고 있던 중앙아시아에서 최초로 간행된 시집과 장편소설을 영인하고, 해제를 작성하였다. 전자는 1992년 1월 카자흐스탄 알마티를 방문하였을 때 만난 카자흐스탄 대학 박일교수가 편한 『조선시집』이다. 후자는 1964년 작가 김준이 발행한 『십오만원사건』이다. 당시 고려인들의 생각과 삶을 공유해보고 싶은 욕심에서 간행한 것들이다. 현재 중앙아시아에서도 찾기 힘든 책자들이기도 하다. 김일성대학부총장을 역임한 박일과의 면담록과 간도15만원 사건의 주역인 최봉설의 아들 최다니엘로부터 수집한 최봉설의 수기도 첨부하여 책자의 가치를 높혀 보고자 하였다. 다만 후자의 경우 독립기념관에서 소장하고 있는 독립운동가 이인섭, 홍파 등의 비평을 책에 담지 못하여 못내 아쉽다. 앞으로 연구하는 분들은 위에 언급한 비평을 참조하길 바란다.

만주지역 사진들의 분석

　　　　　만주지역 독립운동사를 공부하다 보면 다양한 사진들을 접하게 되는데, 사진설명이 각자인 것을 보면 무척 당황하게 된다. 이에 사진들을 역사적으로 분석할 필요성을 느꼈다. 통감부간도임시파출소가 간행한 『간도사진첩』은 만주지역에서 간행된 최초의 사진첩이다. 그러므로 이 사진첩에 대한 분석(번역은 박호원)은 만주지역 사진연구의 첫걸음이라고 판단되었다.

그 뒤 『간도의 기억』(서평, 장세윤) 등의 간행을 통하여 3·1운동 이후 만주지역 사진들을 집중적으로 분석하였다. 범월과 경계 제2권 『간도의 기억』은 일본제국의 대륙침략과 조선인의 항쟁에 대한 이야기를 담고 있으며 Ⅰ부 일제의 간도진출과 조선인, Ⅱ부 독립운동, 그 열정의 기록, Ⅲ부 일본제국의 대륙침략을 위한 안내서, Ⅳ부 사진첩을 통해 본 국경으로 구성되어 있다.

아울러 1930년대 후반 조선총독부에서 간행한 『재만조선총독부시설기념첩』(번역은 박호원)을 집중적으로 분석하였다. 앞으로 시베리아에 출병한 일본군과 조선인의 항쟁을 중심으로 러시아편 사진첩 간행을 추진할 예정이다.

새롭게 정리해 본 만주와 국내독립운동

　　1991년 『만주한인민족운동사연구』(일조각)를 간행한 이후 만주지역에 대한 연구서를 간행한 적이 없었다. 이에 그동안의 연구 업적을 정리하여 책자 간행을 추진하였다. 아울러 국내 특히 수원, 화성지역과 고향인 경북 청도지역에 대하여 그동안 발표한 논고 또한 모아 정리하고자 하였다. 『잊혀진 민족운동가의 새로운 부활』(선인, 2016)이 그것이다.

　1편에서는 그동안 주목하지 못했던 민족운동가들에 대하여 연구해 보았다. 먼저 수원에서 활동하다 만주지역으로까지 활동영역을 넓혔던 필동 임면수에 대하여 주목해 보았다.

　2편에서는 1930~40년대 학생운동을 새롭게 밝혀보았다. 당시는 전시체제였으므로 독립운동의 형태도 비밀결사의 모습으로 나타난다. 본고에서는 그중 특히 낙서운동을 전개했던 김용창과 한글연구회를 조직한 수원고등농림학교 학생들, 그리고 태극단을 조직하여 활동한 대구상고 학생들에 주목하였다.

3편에서는 일제강점기 학생들의 학교생활과 삶을 특히 수원군 지역이라는 창을 통하여 살펴보고자 하였다.

4편에서는 경북 청도군 지역의 전시체제기 민족운동과 강제동원 사례를 통하여 이 시기 전체 국민들의 삶의 모습에 대하여 심층적으로 알아보고자 하였다.

5편에서는 서울에서 조선인들이 간행한 신문들의 1930년대 논조 변화에 일차적으로 주목해보고, 아울러 일본인이 간행한 수원지방지 편찬의 의미를 통하여, 언론의 두 얼굴을 되새겨보고자 하였다.

6편에서는 지역민의 해방정국과 한국전쟁에 대하여 밝혀보고자 하였다. 먼저 증언을 통하여 해방정국 수원사람들의 다양한 삶과 모습을 추적해 보고자 하였다. 다음으로는 한국전쟁의 숨겨진 이야기를 소개하고자 하였다.

대중과 호흡하는 기행기 간행:
『박환교수와 함께 걷다 블라디보스토크』

2014년은 한인들이 러시아로 이주한 지 150주년이 되는 뜻깊은 해였다. 아울러 한국과 러시아간에 무비자협정이 맺어진 첫해이기도 하다. 학자로서 이를 기념할 수 있는 일이 무엇일까 고민해 보았다. 그래서 내린 결정이 러시아의 극동 연해주를 방문할 분들이 많이 계실 것으로 판단되어 그 중심도시인 블라디보스토크 일대를 여행하는 데 도움이 되는 책을 발간하고자 생각하였다. 여행은 아는 만큼 보인다는 것이 진리인 것 같다. 이 책이 러시아 블라디보스토크 일대를 방문하는 분들에게 필독서가 되었으면 좋겠다는 것이 나의 희망이었다.

제목에서처럼 블라디보스토크 시내를 걸어 다니면서 살펴볼 수 있도록 기획하였다. 블라디보스토크 시내를 혁명광장일대, 전망대부근,

개척리부근 등 몇 개 동선으로 나누어 걸어서 답사하도록 꾸며졌다. 기점은 한국인들이 주로 투숙하는 현대호텔을 기점으로 하였다.

블라디보스토크 시내를 관광하다보면 답답한 것이 교통체증이다. 사실 걸어 다니면서 보면 금방 볼 수 있는 지역들을 버스 안에서 답답하게 앉아 있어야 한다는 사실을 일반 여행객들은 잘 모른다. 블라디보스토크의 생생한 모습들이 이 한권의 책을 통하여 독자들에게 도움이 되었으면 한다.

조부 박장현의 문집 국역사업: 『국역중산전서』

2014년 『국역중산전서』를 선인출판사에서 간행하였다. 1983년에 간행된 『중산전서』(영인본)를 일반 독자에게 다가가기 쉽도록 우리글로 번역한 것이다. 유교적 이상국가 건설을 통해 제국주의의 시대적 물결을 극복하고자 한 일제하 박장현의 역사의식이 담긴 총 8권의 저작이다. 박장현의 대표적 저작인 「해동춘추(海東春秋)」와 「해동서경(海東書經)」은 춘추필법과 서경체제에 따라 경학과 사학을 일치시켜 단군조선부터 대한제국까지의 민족사를 경전으로 끌어올리고자 하였다. 또한 사서삼경을 독자적으로 해석한 「경학독본」과 「삼경수록」, 「이전」 등은 유교의 재건으로써 유교적 인간상을 만들고자 한 그의 노력이 담겨 있는 저작이라고 볼 수 있다.

아버님의 8순이 다가오던 2011년 여름인가. 아버님은 고열로 인한 호흡곤란으로 강남 세브란스 중환자실에 입원하시게 되었고, 병원에서는 임종 준비를 하라고 알려 주었다. 사람은 한번 태어나 나이가 들면 언제가 세상을 떠난다는 것은 당연한 사실이지만 청천벽력 같은 일이 아닐 수 없었다. 그 뒤 우여곡절 끝에 어느 정도 건강이 회복되셨지만, 장남인 입장에서는 돌아가실 경우와 사후의 집안 문제에 대해서 적극적인 입장을 가질 필요성을 다시 한 번 더 갖게 되었다.

그중 가장 중요한 부분이 아버님의 필생의 역점 사업인 당신의 부친인 박장현, 나의 조부님의 문집을 한글로 번역하는 것이었다. 부친을 9살에 잃은 아버지의 부친에 대한 마음은 종교와 같은 것이었다. 1990년대 후반 중풍으로 쓰러지신 이후 아버님의 생을 유지해준 것은 부친의 문집을 한글로 번역해야 한다는 열정이라고 할 수 있다. 병석에서의 모든 삶은 부친의 업적을 세상에 알리고 이를 실천하고자 하는 것이었다. 그리고 조부님의 삶을 장손인 필자에게 정확하게 전하고 싶어 하셨다.

아버님은 일찍부터 중국 연변지역의 한학자들을 통하여 번역 사업을 추진하였으나, 중국 조선어와 우리 한글과의 차이 등은 간단한 작업이 아니었다. 재정적으로도 많은 비용이 소요되기도 하였지만 양도 방대하였다. 출판사에 일찍이 부탁을 하였으나 한문으로 인하여 간단치 않았다.

몇 년에 걸쳐 조부님의 문집을 교열하는 작업을 진행하였다. 처음에는 낯설고 또한 어렵기도 하였지만 점차 시간이 지나면서 오히려 궁금해서 내가 먼저 찾아보기도 하게 되었다. 그러나 워낙 무지한 입장이라 교열을 보는 데는 큰 어려움들이 있었다. 그러는 가운데 목숨을 걸고 자신의 학문과 인생을 정리하고자 한 젊은 선비인 조부님에 연민이 생기기도 하였다.

교열을 보면서 흥미롭게 생각한 것은 망년지교이다. 사귐이라고 까지는 표현하기 어렵겠지만 몇 십 년 차이가 나는 선배들과 거침없이 의견을 교환하는 조부의 기백과 선학들의 너그러움에 고개 숙여졌다. 송준필, 하겸진 등 당대의 큰 유학자들의 도량을 짐작해 볼 수 있었다.

아울러 저서 간행 시 필자의 사진을 넣는 것에 대한 논쟁 또한 흥미로웠다. 1930년대 조부 박장현이 지은 『이전』이란 책에는 책의 앞장에 박장현의 사진이 실려 있다. 이 부분에 대하여 당시 학계에서는 소소한 논쟁이 있었다. 이런 일이 있을 수 있단 말인가 하는 것이다.

또한 너무 젊은 나이에 책자를 간행한 것 역시 학계의 웃음거리가 되기도 하였다. 젊은 놈이 무슨 저서를 출판하느냐 하는 것들이었다. 좀 더 성숙한 나이에 저서를 간행해야 되는 것이 아닌가 하는 것이다. 옳은 지적이다. 그러나 조부는 명저의 유무는 결국 독자의 판단임을 강조하였다. 아무리 나이가 먹어 책을 출간하더라도 독자가 받아들여 주지 않는 다면 아무 의미가 없다는 것이다. 조부의 글들을 읽으면서 그가 얼마나 자존심이 강한 인물인지 짐작이 갔다.

박장현은 민족과 개인의 자존을 강조했다. 그의 철학은 자존철학이며, 그의 역사학은 자존의 역사학이 아닌가 생각되었다. 자존의 마음가짐을 강조한 책이 『이전』이며, 자존의 역사책이 『해동춘추』인 것이다. 식민지시대 패배주의적 역사로 왜곡된 한국사를 보다 당당한 자존의 역사학으로 만들고자 하였다. 그의 신사학론의 핵심이 바로 자존이라고 판단된다. 아울러 흥미로운 점은 고구려, 백제, 신라 어느 나라에도 정통성을 주지 않는 무통론을 강조하고 있다는 점이다. 3국에 대한 보다 객관적인 논의를 하고자 하는 의중을 살펴볼 수 있었다.

교정을 보면서 그의 역사관과 다양한 생각들을 읽어 볼 수 있었다. 그리고 같은 학문을 하는 사람으로서 좀 더 인간적으로 가까워질 수 있는 계기가 되었던 것 같아 무척 반가웠다.

책자 간행 이후 배포가 문제였다. 방대한 분량의 책은 관심이 있는 분들에게는 중요한 것이지만, 그렇지 않은 분들에게는 쓰레기에 불과할 수도 있기 때문이다. 역사학, 한문학, 철학 등 다양한 전문가들의 추천을 받아 책을 배포하였다. 그러나 그 성과는 미미한 것이 아닌가 하는 아쉬움이 남는다. 정성을 들여 만든 책이다. 독자들에게 소중한 벗이 되었으면 하는 바람이 크다.

조부의 책자를 교열하는 가운데 얻어진 지식을 바탕으로 「국역 중산전서 해제」(2014)를 작성하였다. 아울러 「1930년대 박장현의 근대사 서술-해동춘추를 중심으로」(2015) 논고를 써보기도 하였다. 앞으로도 좀더 심층적인 다양한 논고들을 써보고 싶다. 특히 박장현이 역사책을 쓰게 된 계기들, 『해동춘추』 등 역사책들이 갖는 의미, 김택영, 박은식 등의 한국사책들과의 상관관계, 스승 조긍섭, 송준필, 하겸진, 송기식 등과의 관계, 유교 청년으로서의 성장, 일본 양명학계와의 학문적 교류, 국내 및 일본 여행기 분석 등.

또한 방대한 분량의 책을 보다 독자들에게 읽힐 수 있는 책으로 다양하게 나누어 만들어 보고 싶다. 〈시골 선비 경성을 거닐다〉, 〈선배 유학자들과의 거침없는 대화〉, 〈간찰-선배들과의 즐거운 만남〉, 〈안동기행〉, 〈경상도기행록〉, 〈조선선비 일본을 거닐다〉, 〈일본유학자들과 만나다〉 등.

임종을 앞둔 부친과의 수많은 대화

2011년 큰 변을 겪은 이후 아버지의 생존은 개인적으로는 하나님께서 저에게 부친과의 대화시간을 준 것이란 생각을 하게 되었다. 조부님의 책자 번역 및 교열 작업에 진력하시던 아버지도 이제 모든 것을 내려놓으셨다. 책상에서 책을 보는 시간도 점차 줄어들었다. 기력이 더욱더 쇠하여지시고, 건강도 더욱 악화되기 시작하였다.

아버님과의 대화에 일정한 주제를 정하기로 히였다. 일단 아버님이 조부에 대한 애착이 강하였으므로 조부의 문집 내용에 등장하는 인물들인, 송준필, 하겸진, 조규철, 하임당 등 여러 내용들을 집중적으로 여쭈어보았다. 그리고 조부와 관련하여 아버님이 만난 분들에 대한 이야기들에 대하여도 많은 부분을 들을 수 있는 계기가 되었다. 문집을 교열하던 중이라 아버님의 말씀은 큰 도움이 되었다.

또한 집안 문중에 대하여도 이것저것 여쭈어보았다. 본가, 외가, 진

외가, 처가 등. 특히 큰 증조부 박재시에 대한 이야기는 오늘날 우리 집안을 이해하는 데 도움이 되었다. 그는 조긍섭, 송준필 등 당대의 유학자들과 교류가 있었고, 할아버지를 조긍섭 문하에 입학시킨 장본인이었다. 박재시를 통하여 조카인 조부 박장현이 유학에 입문하게 되었던 것이다. 몇 년 전 안동국학진흥원에서 개최된 나의 고향 경북 청도 수야마을 특별전에서 박재시의 문집을 처음으로 접할 수 있었다. 앞으로 조부의 학문을 연구하는 데 큰 도움을 줄 수 있을 것으로 판단되었다.

집안에 있는 현판들은 하겸진, 윤용구, 박기돈 등에 의해 쓰여진 글들이다. 하겸진, 윤용구 두분 다 민족의식을 가진 대학자이다. 특히 하겸진은 민족주의 역사학자로서도 유명하다. 또한 윤용구도 구한말에 이조판서까지 하였으나 일제의 은사금을 받지 않고 자신의 절개를 지키며, 서울 장위동에서 살던 위인이다. 박기돈은 대구의 유명한 서예가이다. 조부의 호인 중산은 조부의 스승인 안동의 대학자 송기식이 지어 준 것이다. 특히 감동스러운 것은 현판을 조부와 조모가 함께 옻칠을 하여 완성하였다는 것이다. 집안의 보물로 오래 전승되었으면 하는 바람이다. 그러나 이런 희망이 현실화될 수 있을는지. 내 당대에 정리하고 싶다.

앞으로 나의 60-70대는 할아버지와 아버지의 유품 정리작업과 나

의 자료 정리들이 될 것이다. 다양한 지식을 바탕으로 그리고 주변의
자문을 통하여 나의 희망이 잘 이루어지기를 간곡히 바라고 있다.

60대의 희망

3·1운동 자료관 건립 제창

2018년에 수원시장과 더불어 수원지역 3·1운동과 대한민국임시정부수립 100주년 공동대표를 맡고 있다. 나의 희망은 수원에 100주년 기념 3·1운동—한국독립운동사자료센터를 건립하는 것이다. 100주년을 맞이하여 일회성 행사로 끝내지 말고 무엇인가 후손들에게 도움이 될 수 있는 일을 하나 쯤은 하고 싶다. 수원 유생으로서 정년퇴직 전에 내가 잘 할 수 있는 일이면서도 무엇인가 봉사할 수 있는 일이 아닐까 판단된다. 최근 즐겨 하는 facebook에 다음과 같은 글들을 올렸다.

3·1운동-한국독립운동자료센터의 건립을 제안한다.

3·1운동 100주년. 일회성 행사중심이 아닌 영원히 후손들에게 물려줄 제대로 된 무엇인가가 필요하지 않겠는지요. 여러분! 독립기념관

과 새로이 건립되는 대한민국 임시정부기념관과는 차별되는 그러한 것 말입니다. 시대를 앞서가는 옛 수원군 모두의 자존감을 보여주는 그러한 기념관 말입니다.

수원은 인문학의 도시를 표방하고 있고 정조대왕의 인문정신을 계승하고 있습니다. 사료의 보고인 사운 이종학의 근대자료를 소장하고 있습니다. 그럼에도 불구하고 사운연구소를 설립하지도 않았고, 이를 제대로 활용하지도 못하고 있습니다. 아마 사운 이종학은 지하에서 통곡하고 있을 것입니다.

이제 3·1운동 100주년을 맞이하여 사운 자료를 근간으로 수원군 지역을 바탕으로 경기도 나아가 남북 모두와 만주, 러시아, 미주, 일본 등 국내외를 포괄하는 3·1운동 100주년기념 한국독립운동자료센터를 건립해야 할 것입니다. 이것은 수원인, 나아가 우리 국민 모두의 책무가 아닌가 합니다. 3·1 운동의 성지인 수원군은 힘을 합쳐 대한독립만세 대신 자료센터건립을 위한 촛불 혁명에 나서야 할 것입니다.

행사중심의 일회성이 아닌 영원한 자랑스러운 조상임을 후손들에게 알리기 위해서도 이러한 일에는 우리 수원인이 모두 앞서 나서야 할 것입니다. 자료로는 도서, 자료, 음원, 녹취, 사진 등을, 지역적으로는 국내외. 해외의 경우 중국의, 5.4운동 등 다양한 비교사적 사례를 수집정리 해야 할 것입니다.

도서의 경우 퇴직하는 독립운동사 전공교수들의 소중한 책자들을 우선적으로 기탁, 기증받아야 할 것입니다. 교수들 각자의 전공을 살려 ○○교수 컬렉션을 설치해야 할 것입니다. 최근 노학자들의 책자들이 중국 등 외국으로 반출되거나 폐기되는 상황입니다. 혹은 사장되고 있습니다.

장소로는 1차적으로 삼일중학교 아담스기념관을 제안하고 싶습니다. 이 기념관이 있는 삼일중학교는 수원지역 민족운동의 성지일 뿐만 아니라 기념관 건립 감독을 한 인물이 신흥무관학교 교장을 역임한 수원의 상징이자 한국독립운동을 대표하는 임면수지사이기 때문입니다. 다만 학생들의 학습권 문제, 수장고 등의 설치문제로 신중한 검토가 필요할 것 같습니다. 수원박물관 옆에 건물을 새로이 신축하는 것도 한 방안이라고 생각합니다.

수원지역에 만들어지는 3·1운동 자료관은 앞으로 경기도 항일독립운동관 건립의 모체가 되길 기원합니다. 이것이 현실화되기 위해서는 많은 분들의 지원과 지지가 필요합니다. 3·1정신을 계승한 여러분을 믿습니다.

3·1운동 등 100주년을 맞이하여: 한국독립운동사자료센터의 건립을 제창한다.

최근 독립운동사를 개척한 연구자들이 연속적으로 타계하고 있다. 그러나 그분들이 소장하고 있던 자료들이 갈 길을 잃고 있다. 일본에 계신 강재언 교수 등 원로학자들의 경우도 그러하다. 아울러 독립기념관의 연구자들도 계속 퇴직하고 있다. 이분들의 소장 자료들 또한 마찬가지다. 중국의 대학들에서 이 자료들을 적극적으로 수용하고자 하는 의사를 표명하고 있다. 일찌기 선학들 가운데에는 강만길 교수는 북한에, 김준엽·서중석교수는 중국에 기증하셨다. 한국독립운동 자료들을 전체적으로 수용할 기관이 필요하다. 독립기념관의 경우 현재의 시설과 인력으로는 불가능하다고 보여진다.

수원은 도서관들을 특성화하고 있다. 선경도서관은 수원의 역사와 문화, 홍재도서관은 디자인 전문 등 앞으로 새롭게 만들어지는 도서관을 독립운동으로 특화시키는 것도 한 방법. 아니면 폐교를 센터로 만드는 방안. 예산은 3·1운동 100주년을 준비하며 수원시민을 비롯한 전국민의 성금, 수원시, 경기도 그리고 국가보훈부. 자료의 수집은 서적, 영상, 사진 등 다양하게. 시민들과 학생들과도 함께 공유할 수 있는 시민들의 공간으로 기획. 서울 시내의 삼성역에 있는 한 서점도 좋은 본보기. 모스크바의 레닌도서관도 부럽다.

하고 싶은 연구들

　　　　3·1운동 100주년을 맞이하여 몇 권의 책자를 간행하고
싶다. 『수원군 지역 3·1운동 증언록과 답사록』은 일차 목표. 그동안
모아 왔던 증언록과 사진들, 그리고 현장 답사록 등을 공간하고 싶다.
수원지역 3·1운동을 이해하는데 큰 도움이 될 것으로 기대된다.

　『대한민국임시정부 교통총장 문창범』도 간행하고 싶다. 한국 최초
의 대한민국임시정부인 대한국민의회를 우수리스크에서 조직하고 의
장으로 활동했던 인물이다. 러시아 지역에 배포된 대한국민의회의 독
립선언서에는 그의 이름이 적혀 있다. 러시아지역의 항일독립운동을
상징적으로 보여주는 대표적 인물이라면 최재형, 문창범, 이동휘 등
을 들 수 있다고 판단된다. 대한민국임시정부가 만들어졌을 때 최재
형은 재무총장, 문창범은 교통총장에 임명되었던 것이다. 그럼에도
불구하고 그의 이름은 역사 속에서 제대로 평가받고 있지 못한 느낌
이다.

　『만주지역의 3·1운동』, 『러시아지역 3·1운동과 민족운동』 등도 간행
하고 싶은 책들이다. 『 새로 쓰는 시베리아의 전설 김경천장군』, 『새롭
게 바라보는 대종교 지도자 나철, 김교헌, 윤세복』 등도 그러하다. 특
히 김경천과 대종교지도자들의 경우 과거에 책자 또는 논문을 간행
한 적이 있으나 자료들이 다수 발굴되어 새롭게 집필할 필요성이 있다
고 생각되기 때문이다. 아울러 잊혀진 다수의 독립운동가들도 부활시

키고 싶다. 현재, 김하구, 신우여, 김학만, 이범윤, 나중소, 차인재 등에 대한 글들을 준비하고 있다. 특히 이 가운데 이범윤 역시 만주 러시아지역의 한국근대사를 이야기할 때 빼놓을 수 없는 독립운동가이다. 아울러 수원지역에서 활동했던 홍면옥 등 다양한 인물들에 대한 호기심은 계속되고 있다. 인물사의 경우 매우 중요하면서도 글쓰기 조심스러운 부분이 많다. 또한 소장하고 있는 지도 및 자료들을 중심으로 자료집들도 정리하여 내고 싶다. 아직 마음은 청춘인가 보다.

박환 컬렉션을 만들고 싶다.

　　　　역사학의 미래는? 제2의 역사혁명이 필요한 것은 아닐까. 어느 때보다 기초에 충실하면서 기술과 결합하는 사학혁명. 역사학의 미래에 대한 진지한 논의의 시점인 것 같다. 3·1운동과 대한민국임시정부 수립 100주년을 준비하며, 역사학의 새로운 부활을 기대해 본다.

박환 컬렉션 만들고 싶다. 사진, 자료, 동영상, 녹음, 책자 등. 한국독립운동사, 그 가운데서도 만주, 러시아, 수원지역을 중심으로. 연구자라면 누구나 희망 사항이 아닐까 한다.

60대에 들어서니 정년 퇴임 이후를 생각하게 된다. 어떠한 청사진을 그려야 하나. 연구소를 만들어 보고 싶은 꿈도 있다. 현실적으로 어느 정도 가능할 것인가. 연구소 이름은 〈박환역사연구소〉, 〈문화당〉 등 여러 이름도 구상해 보곤 한다. 그러나 선뜻 추진하기가 쉽지 않다.

건강하게 좋은 벗들과 자연을 즐기며 행복하게 살고 싶다. 수원에서 직장생활을 하게 된 것이 큰 행운이라고 생각하고 있다. 나를 인정해주고 나를 지원해 주는 많은 분들께 고개 숙여 감사드린다.

〈별첨〉

1. 『근대 해양인, 최봉준』, 민속원, 2017.

머리말

제1장 인물평 : 원동(시베리아)의 큰 사람

제2장 최봉준과 그의 시대 : 연해주로의 이주와 한인촌의 형성

　　1. 연해주로 한인들 이주하다 / 2. 두만강 접경 한인 마을 지신허 / 3. 두만강 근처의 한인 마을들 / 읽을거리

제3장 최봉준의 생애

　　1. 연해주로 이주해 향산동을 개척하다. / 2. 상업과 무역의 길로 나서다.

　　3. 연해주 지도자로서 사회사업에 헌신하다. / 읽을거리

제4장 재러 한인들의 농업과 상업 활동

　　1. 한인들의 농업 활동 / 2. 한인들의 상업 활동 / 읽을거리

제5장 한국과 러시아의 무역을 개척하다

　　1. 일본해운업과 러시아해운업의 침투확대 / 2. 한러무역의 상징 : 준창호 / 3. 함경북도 성진에 지점을 두다. / 4. 함경남도 원산에 지점을 두다. / 읽을거리

2. 『페치카 최재형』, 선인, 2018.

3. 『강우규의사 평전-잊혀진 의열투쟁의 전설』, 선인, 2010.

1. 상트페테르부르크에서의 국권회복운동 / 2. 연해주에서의 국권회복운동

5장 | 1910년대 러시아에서의 한인민족운동

1. 권업회의 조직과 활동 / 2. 대한인국민회 시베리아지방총회

6장 | 러시아 혁명후의 한인사회와 민족운동

1. 러시아혁명과 한인사회의 변동 / 2. 일본군의 시베리아 침략과 한인들의 저항 / 3. 3·1 운동 / 4. 한인무장부대의 항일투쟁 / 5. 4월참변 / 6. 독립군의 분열과 자유시참변 / 7. 한인의 연해주 내전참여 / 8. 러시아 내전 종결 후 한인들의 항배

III 언론과 인물

7장 | 러시아지역의 한인언론과 민족운동

8장 | 시베리아의 조선인 항일영웅들

논고 / 러시아 한인사회와 항일독립운동 / 신한촌과 한인독립운동

극동문서보관소 자료를 통해 보는 러시아 한인 디아스포라 / List of Photographs

6. 『사진으로 보는 만주지역 한인의 삶과 기억의 공간』, 민속원, 2016.

책을 간행하며

I. 만주로의 이주와 정착

한인의 만주 이주와 정착 / 새로운 꿈을 위하여 신천지로의 이주 / 숨을 죽이며 압록강을 건너다 / 만주와 러시아로의 이동의 길목 / 남만주지역 / 북간도지역 / 중만주지역 / 북만주지역

II. 독립전쟁의 준비

독립운동기지의 건설 / 간도지역의 한인모습 / 교육활동 / 종교활동 / 서간도 독립운동기지건설 / 『간도사진첩』속의 한인들의 흔적들 / 북간

도 및 북만주 독립운동기지건설 / 북간도 / 북만주

Ⅲ. 3·1운동과 무장투쟁

3·1운동 / 국내에서의 3·1운동 / 만주에서의 3·1운동 / 간도15만원 탈취의거 / 무장투쟁 / 북간도지역 무장독립운동단체 / 서간도지역 무장독립운동단체 / 봉오동전투 / 청산리대첩

Ⅳ. 독립운동단체의 재정비와 독립군 항쟁

독립운동단체의 재정비 / 경신참변과 자유시참변 / 참의부의 성립과 무장활동 / 정의부의 조직과 활동 / 신민부의 조직과 활동 / 한족총연합회 / 한국독립당과 한국독립군 / 국민부와 조선혁명당, 조선혁명군

독립군의 항쟁 / 일제의 만주침략 / 조선혁명군과 한국독립군의 한·중연합투쟁 / 동북항일연군의 성립과 활동 / 동북항일연군의 전사들 / 동북항일연군의 항일투쟁 / 일제의 탄압 / 조국광복회의 결성과 항일민족통일전선의 확대

Ⅴ. 만주지역의 항일독립운동가들

만주벌의 항일투사들 / 만주지역의 독립운동가들−재류금지 / 만주지역 항일열사들 중국인 / 북한애국열사릉 만주지역 독립운동가들 / 만주에 주소지를 두고 있는 일제감시대상 인물카드 / 만주지역 항일운연표

Ⅵ. 친일 관련 단체들 :조선인민회, 학교, 자경단

독립군들의 주요 공격대상 : 친일단체 조선인민회 / 친일조선인 교육기관 / 독립군 "토벌"에 앞장선 조선인 자경단 / 마적

Ⅶ. 논고

1. 만주지역 한인 및 독립운동관련 사진들 / 2. 동영상으로 엿보는 만주국시절 : 만주, 한국인의 삶과 풍경 / 3. 만주지역 한인독립운동의 연구성과와 과제

7. 『사진으로 보는 중앙아시아 고려인의 삶과 기억의 공간』(민속원, 2018)

Ⅰ. 중앙아시아 고려인과의 첫만남

　　1. 1992년 카자흐스탄 기행 / 카자흐스탄 알마티 / 해 맑은 웃음의 알마티 교외 고려인

　2. 2016년 카자흐스탄 알마티 산책

　　천산 / 중앙아시아 한국학대회 / 고려극장 / 한국거리 / 카자흐국립대학 한국학과 / 카자흐스탄박물관 내 한국코너 / 카자흐스탄 명물 빵

　3. 우즈베키스탄 추억으로의 산책

　　고려인 농촌풍경 / 고려인의 예술과 문화 / 고려인 영웅들 / 우즈베키스탄 고려인의 연해주 추억

Ⅱ. 중앙아시아 고려인 콜호즈

1. 강제이주의 현장(카자흐스탄 우슈토베와 크질오르다)

　고려인들로부터 들어보는 강제이주의 생동감 / 우슈토베 / 크질오르다 면담 모습 – 카자흐스탄 알마티 한국어방송국(1995) / 면담 모습 – 카자흐스탄 침켄트(1995)

2. 우즈베키스탄 콜호즈

　김병화 콜호즈(북극성 콜호즈, 극성 콜호즈) / 김병화박물관 / 김병화 콜호즈 풍경(1992) / 김병화콜호즈 풍경(2007) / 북방등대 콜호즈 / 북방등대콜호즈 설립 30주년 기념 사진첩(1967) / 사진으로 보는 북방등대콜호즈 / 꾸일룩시장(2007, 2016) / 고려인의 목화밭(2007)

3. 카자흐스탄 콜호즈

　아방가르드–콜호즈 / 아방가르드 콜호즈(1995)

Ⅲ. 중앙아시아 고려인 한글교육

　1. 중앙아시아 한국교육원

중앙아시아 고려인에 대한 한글교육

2. 한글교육 자료들

한글교육관련 자료들 / 한글학교 등록신고서

3. 사진으로 보는 초창기 한국교육원

타슈켄트교육원 / 1대원장 안재식(1992-1994) / 한국교육원개원
(1992년 5월) / 1차 한국어교육담당자연수(1992년 9월 19일) / 한국
어교육담당자 연수(1993년 3월 23일) / 한국어경연대회(1993년 4월
18일) / 한국어통역반 1회 수료식(1993년 4월 29일) / 한국어교육담
당자 연수(1993년 7월) / 광복 48주년(1993년 8월) / 북방등대 한글
학교 개교식(1994년 4월 3일) / 졸업앨범(1995년 7월) / 졸업앨범
(1996년)

4. 2007·2016년 타슈켄트 한국교육원

타슈켄트 한국교육원 모습(2007년) / 타슈켄트 한국교육원(2016년)

5. 박환의 한국사교육 여정

타슈켄트에서의 고려인대상, 한국사교육(2016.6.12~17)

IV. 독립운동가들의 후손 고려인들

1. 중앙아시아 소재 한인독립운동 자료 현황

독립운동가의 후손들과의 반가운 만남

2. 독립운동가와 그 후손들

이동휘(1873-1935) 대한민국임시정부 국무총리 / 최재형(1860-
1920) 동의회 총재, 권업회 회장, 대한민국임시정부 재무총장 / 최봉
설(1899-1973) 철혈광복단원, 적기단 단장, 간도 15만원 의거의 주
역 / 계봉우(1880-1959) 역사학자, 언어학자 / 황운정(1899-1989)
러시아 연해주 솔밭관부대에서 활동 / 황원국 러시아 연해주 솔밭관
부대에서 활동 / 박우(1893-1938) 한족회, 적기단 등에서 활동 / 홍

범도(1868-1943) 봉오동전투의 항일영웅 / 김경천(1888-1942) 신흥무관학교 교관, 러시아지역 독립운동가 / 최호림(1896-1960) 고려혁명군사관학교 군정위원, 단지동맹 단장, 『선봉』편집장

V. 고려인의 문학과 삶

  1. 최초의 고려인 시집 『조선시집』

    『조선시집』과의 만남 / 『조선시집』에 대한 해설 / 『조선시집』의 편자 박일의 서문 / 『조선시집』편집자 박일의 삶 / 『조선시집』 근현대편

  2. 고려인 최초의 소설 『십오만원사건』

    고려인 최초의 소설집: 김준, 『십오만원사건』, 1964

    부록 | 미디어를 통해 본 고려인 콜호즈와 독립운동가의 육성 증언

    카자흐스탄 크질오르다주 칠리구역 고려사람 집단농장 아방가르드(선봉) 특집(1946) / 극성(북극성)콜호즈(우즈베키스탄 타슈켄트영화제작소 제작, 1949, 조선어판) / 독립운동가 황운정 육성증언

8. 『간도의 기억』, 민속원, 2017.

목차

책머리에

I부 일제의 간도진출과 조선인

  1장 3·1운동 이후 일제의 조선인 탄압과 회유

  2장 1920년대 간도와 조선인들

  3장 사진엽서로 보는 1920년대 간도의 풍경

II부 독립운동, 그 열정의 기록

  4장 만주지역 독립운동가들의 외침, 정의부 기관지

III부 일본제국의 대륙침략을 위한 안내서

9. 『만주지역 한인민족운동의 재발견』(국학자료원, 2014)

10. 『잊혀진 민족운동가의 새로운 부활』(선인, 2016)

도 수긍할 수 있는 자료를 제시하자 / 3) 역사전쟁 승리의 비법: 전공
자에게 사료를 제공하라 / 4) 추모 그리고 제언 / 5) 이종학의 역사의식

3. 역사분쟁을 넘어 동아시아 평화로: 안중근

1) 사형 순국시 대한독립 대신, 동양평화 3창을 요구했던 안중근 / 2)
항구적인 인류평화를 위해 『동양평화론』을 집필하다 / 3) 안중근의 동
양평화 구상

4. 결어

제1편 새로 발굴된 민족운동가들의 삶과 꿈

제1장 필동 임면수의 민족운동

1. 서언

2. 집안과 교육

1) 수원 양잠학교 졸업 / 2) 수원 화성학교 졸업

3. 민족의식의 형성

1) 수원에서 멕시코 이민 모집 대리점 운영 / 2) 상동청년학원에서
공부: 이동휘의 영향

4. 구한말 수원에서의 계몽운동

1) 수원 지역의 국채보상운동을 주도 / 2) 삼일학교 설립과 발전에
기여 / 3) 기호흥학회 수원지부에서 활동

5. 만주로의 망명

1) 환인현 횡도천으로 / 2) 유하현 삼원포로의 이동과 정착

6. 부민단에서의 독립운동

1) 부민단은 어떠한 단체일까? / 2) 독립군의 연락소: 객주업 운영 /
3) 부민단에서 결사대로 활동

7. 양성중학교(養成中學校) 교장으로 활동

6. 후학과 후손들이 할 일은 무엇인가

제5장 한정택 자서전

1. 아버지 한백응 묘비명

2. 자서전

1) 유년시절 / 2) 학창시절 / 3) 사회생활 준비기: 1941년에서 1943년
까지 / 4) 사회생활의 첫 출발: 1944년 연천군(連川郡) 군남국민학교
(郡南國民學校)에서의 교직생활에서 해방될 때까지 / 5) 해방과 우
정학교 교사 시절(1945.9~1950.10)

제4편 새롭게 조명하는 지역민의 민족운동과 강제동원: 경북 청도지역을
중심으로

제1장 1930년대 이후 청도지역의 민족운동

1. 1930년대 이후 민족운동의 전개와 특성

2. 국내독립운동

1) 군용열차전복 의거 / 2) 동진회의 결성과 활동 / 3) 대구사범학교
비밀결사 연구회와 다혁당에의 참여

3. 국외 독립운동

1) 한국광복군에의 참여 / 2) 만주 조선혁명군

제2장 일제말기 경북 청도지역의 강제 동원

1. 1930·40년대 조선인의 강제동원

1) 노동력 동원 / 2) 병력동원: 군인 / 3) 준병력동원: 군속

2. 청도군 지역의 강제동원

1) 육군 군인·군속으로의 강제동원 / 2) 육군으로 징병, 징용 간 사례
검토 / 3) 해군 군인과 군속으로 강제동원 / 4) 노무

제3장 경북 청도인의 국민총동원령(국민징용령) 반대운동

    1. 국가보훈처 소장 청도지역 수형인 명부

        1) 국가총동원법 위반 / 2) 국민징용령위반

    2. 청도군 각남면 수형인 명부

        1) 치안유지법 / 2) 국가총동원법위반

    3. 청도군 이서면 수형인명부

        1) 치안유지법 등 / 2) 국가총동원법 위반 / 3) 국가총동원법 가격 등 통제령과 조선 미곡 배급조달령 위반 / 4) 기업허가령 / 5) 국민징용령 위반 / 6) 노동자 모집 취체규칙위반

제4장 일제시대 경북 청도지역의 지배와 저항 관련 사료 분석

    1. 서언

    2. 청도지역 독립운동 사료 검토: 崔翰龍

        1) 최한룡의 격문 / 2) [최한룡의 2차 진술서]를 통해본 최한룡

    3. 국민당과 다물단 관련: 운문면 공암동

        1) 국민당의 조직과 목적 / 2) 국내 군자금 모집과 청도군 운문면 공암

    4. 독립기념관 소장 청도관련 지료

        1) 징용자 사망증명서 / 2) 동양척식회사 상환금 차용증서 / 3) 독립운동가 박기현(朴琪鉉), 홍용필(洪龍八) 관련자료

    5. 청도지역 일제의 식민지지배 관련 사료 검토

        1) 면직원록: 각남면, 각북면, 금천면 / 2) 청도군 금천면 사무소 건축 공사내역서 / 3) 매일신보에 보이는 청도군 식민지 지배관련 주요 신문 기사 / 4) 국가기록원 소장 식민지시대 청도관련 문서 소장 현황

    6. 청도지역 개인 가족 생활사 자료 검토를 통해본 일제시대

        1) 박장현의 문집을 통해본 청도 유림들의 형성과 동향 / 2) 박영석

관련 자료를 통해본 일제시대 어린이들의 모습

7. 결어

제5편 언론의 두 얼굴: 조선인이 간행한 신문과 일본인이 편찬한 지방지

제1장 일제강점기 한글신문의 변모양상: '친일'과 '민족'

1. 일제강점기 한글신문에 대한 기존의 평가

2. 일제강점기 한글신문의 변모양상에 대한 연구 목적

3. 일제강점기 한글신문에 대한 연구 동향과 연구방향

제2장 일제하 재수원일본인의 지방지 편찬: 酒井政之助의 『水原』을 중심으로

1. 서언: 『수원』의 집필동기와 식민지근대화

2. 『수원』의 내용

1) 수원의 식민지근대화 / 2) 1920년대 초 수원지역 주요 한국인과 일본인을 살펴볼 수 있는 인물지

3. 결어: 『수원』의 자료적 가치

1) 『發展せる水原』 / 2) 『華城之影』 / 3) 『수원』

제6편 지역민의 해방정국과 한국전쟁의 숨겨진 이야기

제1장 증언을 통해본 해방정국 수원사람들

1. 서언

2. 수원사람들의 정체성 확립과정: 독립운동가들에 대한 추모와 화성사랑

3. 해방정국에서의 민족국가건설운동

1) 사회주의국가건설의 추구: 김시중의 사례 / 2) 해방 후 대한청년단에서 활동한 박창균이 본 수원

4. 수원유지들의 해방이후의 동향

11. 『박환교수와 함께 걷다 블라디보스토크』, 아라, 2014.

국역 『중산전서』 II

    ·해동춘추 9 / ·해동춘추 10 / ·해동춘추 11 / ·해동춘추 12 / ·해동춘추 13 / ·해동춘추 14 / ·해동춘추 15 / ·해동춘추 16

국역 『중산전서』 III

    ·해동춘추 17 / ·해동춘추 18 / ·해동춘추 19 / ·해동춘추 20 / ·해동춘추 21 / ·해동춘추 22 / ·해동춘추 23

국역 『중산전서』 IV

    ·해동서경 1 / ·해동서경 2 / ·해동서경 3 / ·해동서경 4 / ·해동서경 5

국역 『중산전서』 V

    ·동국사안 / ·조선사초 / ·야사 / ·이조야사 / ·동서현세론 / ·이전

국역 『중산전서』 VI

    ·경학독본 1 / ·경학독본 2 / ·경학독본 3 / ·삼경수록 1 / ·삼경수록 2 ·삼경수록 3

국역 『중산전서』 VII

    ·동경유기 / ·문경상초 초(初) / ·문경상초 1 / ·문경상초 2 / ·문경상초 3 / ·문경상초 4 / ·문경상초 5 / ·문경상초 6 / ·문경상초 7

국역 『중산전서』 VIII

    ·경장수초 / ·내찰수초 / ·경장첩 / ·문경필첩 / ·사우명고 / ·부록

슬기로운 정년 맞기
- 4차 혁명시대, 미래 역사학을 꿈꾸며

회갑 이후 좀 이른 감은 있지만 정년을 잘 준비해야겠다고 생각했다. 성격이 미리 준비하는 형이기도 하지만, 정년 이후의 미지의 삶에 대한 불안, 조부, 선친의 유품들 정리에 더하여 나 자신의 것들 또한 큰 짐으로 다가왔기 때문이다.

정리 작업의 가장 큰 화두 중 하나는 어떤 것을 남기고 어떤 것을 버릴 것인가 하는 것, 그리고 시점 또한 중요한 것이 아닌가 생각된다. 아울러 기증, 기탁의 경우 어느 곳에 할 것인가 또한 여러 생각들을 하게 한다. 최근 나의 고민은 이러한 잡념들. 또한 그 동안의 연구 성과를 정리하고, 미래지향적 방향을 새롭게 모색해 보는 것. 아울러 새로운 역사학에 도전해 보고 싶은 것 또한 나의 생각 중 하나이다. 그 중 사진역사분석학의 제창, 답사, 강연, 유물자문, 전시기획, 유트브 개설 등도 중요 관심사이다.

지난 5년 동안 여러 일들이 있었다. 3·1운동 100주년, 청산리 봉오동 전투 100주년, 한국전쟁발발 70주년 등. 이러한 행사들을 잘 활용하고 싶었다. 그동안 정리하지 못한 것들을 기획, 정리하는 계기로 삼고 싶었다. 그 결과 3·1운동사진첩과 1990년대 진행한 화성지역 3·1운동 관련 답사기 및 구술작업 정리, 국민방위군에 참여했던 유정수일기 정리 분석 등이 이루어질 수 있었다.

조규태 교수가 주도한 대한적십자사에 대한 연구는 필자에게도 적십자의 독립운동과 인도주의 정신을 새롭게 깨우치고 밝히는 귀한 기회가 되었다. 특히 독립전쟁과 인도주의의 공존은 중요한 화두였다. 아울러 다가올 정년은 7권의 책자를 기획하는 계기를 역시 만들어 주었다. 기존에 책자에 담지 못한 내용들을 주제별로 묶어 단행본으로 만들 결심을 하였다. 다만 처음부터 기획된 것이 아니라 부족한 점들이 있는 점은 송구하다.

한편 집안 유품정리 작업은 나에게 주어진 또 하나의 큰 과제였다. 책자들의 목록 정리 등 기초적인 작업조차 아직 이루어지지 못한 상황이다. 앞으로도 나에게 주어진 중요한 과제이다.

정년하는 날까지, 책자정리, 연구정리 등을 1차적으로 마무리하고, 미래를 향한 역사학을 추구하는데 좀더 정진하고 싶다. 아울러 잔잔한 재미를 주는 문화재자문, 자료 평가 등도 지속적으로 하고 싶다. 70대 중반까지 현역으로, 이후에 건강을 보아가며 영원한 현역으로 즐거운 역사인생을 진행하고 싶은 것이 나의 꿈이다.

대중과의 소통-지나친 선양은 독

　　오늘날 역사학은 상아탑의 역사학만으로는 시대적 사명을 다할 수 없을 것 같다. 상아탑에서 이룬 성과들을 대중과 공유할 수 있는 기회가 많아진 만큼 그 기회를 최대한 활용하는 것이 역사학자의 책무가 아닌가 한다. 그 이유 중의 하나는 소위 가짜 역사학을 만들어내는 사람들이 그만큼 많기 때문이다. 간혹 기념사업회의 지나친 조상 선양은 때에 따라서는 독배가 될 수도 있을 것이다. 학자들의 신중한 참여도 요구된다.

　나의 전공분야와 관련하여서는 대중과의 소통에 보다 적극적으로 임하고 싶다 그 일환으로 러시아지역을 여행하는 관광객과 역사체험을 원하는 분들을 위해 『블라디보스토크, 하바롭스크』(선인, 2019)를 간행하는 한편, 몇 년 동안 KBS라디오 한민족 하나로에 계속 출연하고 있다. 아울러 일반 시민, 공무원, 교사 등을 대상으로 한 다양한 특강형태의 프로그램에도 지속적으로 참여하고 있다. 앞으로 정년 이후에는 주로 연구하며, 대중과 소통하는 기회들을 자주 갖고 싶은 것이 나의 바람이다. 앞으로 국내는 물론 만주, 러시아, 중앙아시아로 향하고 싶은 마음 간절하다.

가장 애정이 가는 것은 그동안 수없이 다녔던 연해주 지역 답사기를 다시 재정비하여 하나의 책으로 출간한 것이다. 이 책은 지금도 여러 독자들의 사랑을 받고 있어 가슴 뿌듯하다. 서문과 목차의 일부분을 독자들과 공유하고 싶다.

『블라디보스토크 하바롭스크』(선인, 2019)
블라디보스토크는 러시아 공화국 극동지방 남동쪽 끝에 있는 연해주의 중심도시이다. 동해에 면해 있으며 무라비요프 아무르스키 반도의 남단, 금각만 연안에 위치한 도시로서 태평양 방면에서의 이 나라 굴지의 항만도시이다. 항구는 11월부터 3월까지 결빙하지만 쇄빙선을 이용하여 겨울에도 사용할 수 있는 장점을 가지고 있다. 도시의 이름은 "동방(보스토크)을 정복하자(블라디)"라는 러시아어에서 유래한다. 중국명은 하이첸웨이이다. 1860년에 러시아 해군기지로 개항하여 19세기 말부터 20세기 초 러시아 극동정책이 활발해짐에 따라 경제적, 군사적으로 그 중요성이 높아졌다. 20세기 초 시베리아 철도의 개통으로 러시아 중심부와 육로로 직결되면서 철도의 종점으로서 국제적 의의도 높아졌다. 그리고 한국독립운동사와 관련하여서도 한국독립운동의 최대 근거지 가운데 하나였다. 특히 이곳 블라디보스토크는 안중근 의사의 혼이 숨쉬는 곳이기도 하다. 이등박문을 처단하기 위하여 고민하며 걷던 해변이 있으며, 하얼빈으로 출발했던 블라디보스토크역이 있다. 또한 제2의 장보고로 불리우는 무역상이자 거부, 해조신문 사장 최봉준을 그려볼 수 있는 곳. 크라스키노에서는 안중근의 단지동맹비와 안중근 의사의 든든한 후원자 최재형과 간도관리사 이범윤, 13도의군 총사령관 류인석 유적들이, 그리고 우수리스크에는 헤이그 밀사였던 이상설, 발해연구가 장도빈 등의 역사가 남아 있기도 하다.

하바롭스크는 아무르강이 흐르는 역사적인 도시이자 교통의 요지이다. 이곳에서 이동휘, 김알렉산드라 등은 한인사회당을 결성하였으며, 가열찬 항일투쟁을 전개하였다. 또한 낙동강의 저자로 알려진 조명희 등 지성인들은 스탈린의 고려인 강제이주에 저항하여 처형당하는 비운을 겪기도 하였다.

블라디보스토크와 우수리스크, 크라스키노, 하바롭스크 등 극동지역은 이처럼 역사적으로 그리고 현재에도 미래에도 우리와 깊은 인연을 맺고 맺어갈 아름다운 곳이다. 1990년대 초부터 이 지역을 거의 30년 동안 방문했던 필자에게는 이곳은 마음의 고향과 다름없는 그리운 곳이기도 하다. 최근에 이 지역을 방문하는 관광객의 수가 많이 증가하고 있음에도 불구하고 블라디보스토크와 하바롭스크를 적절하게 안내해 줄 책자가 없어 안타까웠다. 이에 필자는 이 지역의 러시아의 명소와 한국인의 숨결을 함께 느껴볼 수 있는 책자의 간행을 구상하게 되었다.

목차

들어가며

새로운 한인마을 신한촌/대한민국임시정부 초대국무총리 이동휘 집터 / 권업회, 권업신문사/3·1운동의 상징 독립문(독립문터) / 한인들이 살았던 흔적 서울거리 / 연해주 신한촌 기념탑 / 한민학교 / 뻬르바야레치카역

관광명소 _ 뻬르바야레치카 재래시장 / 포크롭스키 러시아정교 사원

아는만큼 보인다 _ 이동휘의 순국과 장례

구한말 국권회복운동의 근거지 개척리

한인들의 첫 정착지 개척리 / 개척리터 / 해조신문사 / 대동공보사 / 러·청은행

관광명소 _ 블라디보스토크 요새 박물관 / 해양공원 / 아르바트 거리 / 국경박물관 / 연해주미술관

추천숙소 _ 롯데호텔 / 수퍼스타 게스트하우스 / 소울키친 / 베르살호텔 / 아지므트 호텔

아는만큼 보인다 _ 조창용의 블라디보스토크 개척리 방문기 / 개척리 사람들의 삶의 모습 / 조선 무역왕 최봉준

독수리 전망대

독수리전망대 / 재러문학의 아버지 조명희 문학비

관광명소 _ 후니쿨로르 / 금각만대교 / 시베리아에 출병했던 군인들의 묘지

아는만큼 보인다 _ 한국학대학 설립자 장치혁

중앙혁명광장

중앙혁명광장 / 일본총영사관 / 1930년대 초에 건립된 유일한 조선인대학 / 블라디보스토크역

관광명소 _ 블라디보스토크역 앞, 레닌 동상 / 시베리아 횡단열차 / 아르세니예프 향토박물관 / 율브리너 생가지 / 굼백화점

/ 블라디보스토크 개선문 / 세르게이 라조동상 / 운테르
베르게르 총독관저/잠수함 박물관

2부 발해와 최재형의 땅 우수리스크

러시아지역 최초로 만세운동이 전개된 우수리스크

우수리스크 고려사범전문대학 / 이상설 유허비 / 발해 성터와 발해
절터 / 발해의 첫 발굴자 산운 장도빈 기념비 / 최재형 기념관, 기념
비 / 전로한족중앙총회 2차회의 개최지 / 우수리스크역 / 4월참변 추
도비 / 쁘질로프카(육성촌)

고려인문화센터, 홍범도·안중근·류인석 기념비

아...(하략)

100주년의 감동: 새로운 각도에서의 종합정리(2019-2020)

2019년은 3·1운동 100주년, 2020년은 청산리봉오동전투 100주년이자, 한국전쟁 발발 70주년이 되는 해이다. 수원지역에서 활동하고 있는 필자는 염태영 수원시장과 함께 수원지역 3·1운동100주년기념사업 공동위원장으로서 활동하는 한편, 학자로서 학문적 성과를 발표하고 집대성하는 작업에 정성을 다하고자 하였다. 아울러 만주 러시아 지역의 독립운동사를 전공하는 학자로서 거시적 시각에서 독립운동사를 정리해 보고자 하였고 그 결과물이 독립군과 무기라는 주제였다. 앞으로 독립군과 군자금, 독립군과 노래 등 다양한 주제들을 연구해 보고 싶다.

3·1운동 및 청산리 봉오동전투 100주년

2019년 3·1운동 100주년의 경우는 그동안 학계의 빈공간이라고 할 수 있는 사진을 중심으로 3·1운동을 재정리해보고자 하였다. 아울러 1990년대부터 준비한 수원과 화성지역 독립운동가 후손들의 구술작업을 책자로 간행하는 꿈을 이루었다. 〈증언과 답사로 보는 수원지역 3·1운동』(수원시, 2019) 예종구. 홍면옥 등 26명의 후손 증언을 수록하였으며, 생동하는 답사의 현장감을 느껴볼 수 있다.

또한 2020년은 〈독립군과 무기〉에 주목한 한해이기도 하였다. 그동안 한계에서는 독립전쟁에 주목하면서도 가장 중요한 무기에는 관심을 제대로 기울이지 못한 느낌이다. 청산리 봉오동전투 100주년을 맞이하여 내가 잘 할 수 있는 부분에 대하여 고민하였고, 이에 부친이 쓰신 이우석옹을 중심으로 한 〈한 독립군 병사의 항일운동〉에 착목하였다. 체코군, 무기운반 등이 핵심 키워드였다. 새로운 연구라는 측면에서 필자로서는 큰 자부심과 희열감을 느낄 수 있는 작업이었다.

3·1운동 100주년기념: 『사진으로 보는 3·1운동 현장과 혁명의 기억과 공간』(민속원, 2019)

이 책은 3·1운동 100주년을 맞이하여 기획되었다. 풍부한 사진과 영상 자료를 통해 문헌자료로는 바라볼 수 없는 3·1운동의 생생한 모습을 입체적으로 복원하였다. 그동안 알려지지 않았던 사진들와 더불어 지금까지 설명이 잘못 기술된 사진들, 그리고 사진의 출처들을 새롭게 밝히는 데 주안점을 두었다. 아울러『신한청년』 (국한문혼용본) 등 새로운 책자를 발굴하여 소개하는 한편, 해방 이후 한국과 일본에서 개최된 3·1운동 기념식 영상, 북한에서의 3·1운동 행사들도 처음으로 공개하여 독자들께 3·1운동 100주년의 감동을 더해 주고자 하였다.

[1] 3·1운동 계보도

[2] 3·1운동 분포도

   ① 국내의 3·1운동 분포도 / ② 만주·러시아지역의 3·1운동 분포도

[3] 안성지역의 3·1운동

   ① 양성공립보통학교 학적부(1914~1923) / ② 안성지역 재판 관련 서류

[4] 『로동신문』에 매년 보도된 3·1운동 기념식(1958~1997)

[5] 해방 후 3·1운동 기념 책자

   ① 신생 / ② 새한민보 / ③ 3·1운동사

영상

[1] 해방 직후 한국에서의 3·1운동 기념 행사 영상 [해방 후 조선을 가다]

[2] 1946년 3월 1일 동경 히비야공원에서 열린 3·1운동 기념식 영상

청산리 봉오동전투 100주년기념: 『독립군과 무기』(선인, 2020)

      1910년 일제의 조선강점 이후 애국지사들은 만주로 망명하여 독립전쟁론에 근거하여 독립운동기지건설, 독립군 양성 등을 추진하였다. 북만주의 한흥동, 북간도의 나자구, 명동촌, 서간도의 유하현 및 통화현 등은 대표적인 독립운동기지였고, 신흥무관학교 등은 대표적인 독립군 양성기관이었다. 그러나 1910년대 독립군의 무장력은 너무도 미비하여 무관학교 등에서도 독립군 병사들이 나무를 깎아 만든 목총으로 훈련을 하는 등 안타까운 상황이었다. 1919년 국내에서의 평화적인 만세시위 이후, 만주지역의 독립운동노선은 독립군기지건

설과 독립군양성 등 독립전쟁 준비론에서 독립전쟁 전개론으로 전환되었다. 만주지역에서는 수많은 무장독립군부대들이 조직되었고 이들은 자신들의 무력을 바탕으로 국내진공작전을 활발히 전개하였다.

독립군부대에 있어서 무기구입과 운반 등 무장력의 확보는 독립전쟁을 전개해 나가는 데 가장 중요한 부분이었다. 이들 무기는 주로 러시아지역에서 구입한 것으로, 러시아제 무기뿐만 아니라 일본제, 독일제, 벨기에제, 미국제, 프랑스제, 영국제 무기도 포함되었다. 그리고 체코군단에게서 구입한 무기도 다수 있었으며, 일본군과의 전투에서 노획한 무기도 있었다. 우리 학계에서 3·1운동 이후 만주지역에서의 독립운동과 봉오동, 청산리 전투 등 무장투쟁의 전개과정 등에 대해서는 일정하게 연구성과가 축적되어 있다. 그러나 무장투쟁을 위한 무기구입이나 운송, 전투에서 사용한 무기들에 대해서는 단편적으로 언급될 뿐 거의 연구가 없었다고 볼 수 있다.

이 책은 독립군부대와 관련한 사료, 회고나 일지 등을 통해 만주지역 독립군들이 독립전쟁에 나서는 과정에서 사용한 무기들을 본격적으로 살펴본 것이다. 주로는 3·1운동을 기점으로 하고 봉오동전투, 청산리전투를 전후로 하여 간도지역에서의 무장력 확보를 중심으로 당시 독립군부대들이 조달했던 무기의 종류, 구입대상, 운반경로, 보유현황 등을 밝혀보았다.

목차

책을 내면서

한국전쟁 발발 70주년: 『한국전쟁과 국민방위군사건 어느 초등학교 교사 유정수 일기』(민속원, 2020)

2020년 한국전쟁 발발 70주년을 기하여는 그동안 학계에서 주목하지 못한 국민방위군사건을 화성출신 유정수의 일기를 통하여 분석 간행하였다. 이 책은 필자가 해방이후사를 연구하여 저술한 첫 번째 책으로 상당히 조심스럽게 접근하였다. 전갑생 선생의 많은 도움이 있었다. 특히 이책에 애정이 가는 것은 화성출신들이 나의 고향인 청도에 주둔하였었기 때문이다. 화성과 청도를 잘 아는 필자만이 잘해나갈 수 있는 작업이라고 판단하였다.

한국전쟁 70주년을 맞이하며

올해는 한국전쟁이 발발한지 70주년이 되는 뜻 깊은 해이다. 한국전쟁은 전쟁을 통하여 남북 누구도 승자가 될 수 없으며, 한반도에서의 전쟁은 바로 국제전으로 발전할 수밖에 없다는 역사적 교훈을 안겨주었다. 그러므로 학계에서는 한국전쟁에 대하여 많은 연구가 다양한 각도에서 이루어져 왔다. 특히 최근에는 거창양민학살사건, 보도연맹사건 등 전쟁이면의 비극적인 내면에도 관심을 기울이고 있다. 그럼에도 불구하고 한국전쟁의 3대 비극의 하나로 알려진 국민방위군사건에 대하여는 시작단계가 아닌가 한다. 국민방위군 사건은 주지하는 바와 같이 6·25전쟁 중 우리 군의 부정부패와 인권탄압에 의해 제2 국민 역으로 입대한 많은 한국인들이 비참하게 희생당한 반역사적. 반민주적 반인권적인 대표적 사례의 하나였다. 그러므로 군부 나아가 정권의 수치스러운 부분이기 때문인지 자료들이 별로 남아 있지 않은 것이 현실이다.

 필자는 수년전 화성시 동탄초등학교 교사로서 국민방위군에 입대했던 유정수의 일기를 발굴하였다. 유정수(1925-2010)와의 만남은 그가 화성지역의 대표적인 교육자였으므로 화성의 역사를 연구하는 가운데 자연스럽게 이루어졌다. 일기의 내용은 국민방위군에 대한 것이었고, 시간적으로는 전쟁기인 1950년 말부터 1951년 전반기, 공간적으로는 경기도 화성, 수원, 용인, 충청도 청원, 경북 군위, 영천, 청도 등 당시 국군이 장악하고 있던 남한 일대였다. 직장이 화성에 있고, 고향이 청도였던 필자는 자연히 큰 흥미를 갖게 되었다. 특히 화성, 수원, 용인 등지와 청도 등의 지역사를 연구하고 있던 시기였고, 이들 지역의 산천에 대하여 잘 알고 있던 입장에서 더욱 강한 연구열정이 솟구쳐 올랐다.

 일기의 집필 시기는 국민방위군에 소집된 1950년 12월 23일부터 화성으로 귀향중인 1951년 3월 11일까지이다. 일기 표지는 《유정수 일기》라고 하고, 그 다음에 "사랑하는 내 어머니와 아내와 동생들에게 이 기록을 드리노라"라고 적혀 있다. 아울러 국민방위군으로의 소집,

이동상황, 경북 청도에서의 국민방위군으로의 활동, 귀향 등에 대하여 상세히 기록하고 있어 자료적 가치가 높다고 생각했다. 이것이 독립운동사전공자인 필자가 이 책을 집필한 또 하나의 동기이다.

본서에서는 먼저 유정수 일기를 통하여 국민방위군의 전체적인 모습을 미시적인 접근을 통하여 입체적으로 살펴보고자 한다. 집필시기 및 동기, 내용 및 자료적 가치에 대하여도 검토하고자 한다. 다음으로는 1951년에 작성된 국민방위군 관련 자료를 통하여 국민방위군의 현황과 배치 등에 대하여 알아보고자 한다. 아울러 국민방위군 입대원서, 서약서, 신분증, 졸업장 등도 살펴보고자 한다. 또한 국민방위군 사진들도 제시하고자 한다. 한국전쟁 관련 사진들은 미국 국립문서보관소 등에 다량 보관되어 있지만 국민방위군 관계는 거의 없는 실정이다. 대한민국역사박물관, 국사편찬위원회, 민속박물관의 도움이 있었다. 마지막으로는 일기의 작성자인 유정수의 생애에 대하여 밝혀보고자 한다. 자필이력서 및 학창시절, 교사시절의 사진 그리고 면담을 통해 유정수에 접근해 보고자 한다. 유정수에 삶에 대한 이해는 일기의 내용을 보다 풍성하고 깊이 있게 분석할 수 있는 첩경이기 때문이다.

목차

인도주의의 새로운 발견: 『독립운동과 대한적십자』(민속원, 2020)

　　　　2020년말에는 그동안 연구성과를 집성하여 『독립운동
과 대한적십자』를 발간하였다. 이 책자의 발간을 통하여 적십자 특히
인도주의의 중요성을 생각하게 되었다.

독립전쟁과 인도주의의 공존

　　　　대한제국은 1905년 10월 27일 칙령으로 '대한국 적십
자사'를 창립하였다. 그 후 대한국 적십자사는 1909년 7월 23일 칙령
제 27호로 대한국 적십자사가 일본적십자사와 합병의 형식으로 폐지
되었었다. 그런데 3·1운동 이후 1919년 7월 대한민국임시정부 내무부
총장 안창호(安昌浩) 등이 발기하고, 내무부로부터 인가를 받아 상해에
서 재건되었고, 1919년 8월 29일 '대한민국 대한적십자회'로 새롭게
탄생하였다.

대한적십자회는 회장에는 이희경(李喜儆), 부회장에는 김성겸(金聖謙), 이사에는 여운형(呂運亨)이 선출되었으며, 이어 안중근의 동생 안정근(安定根)이 회장, 부회장을 역임하였고, 1922년에는 손정도(孫貞道)가 회장에 선출되었다. 상해에 본부를 두고 있던 적십자회는 미주(美洲)·노령(露領) 등지와 국내 각지에도 지부와 지회를 설치하여 그 조직을 확대해 나갔다.

대한적십자회의 설립 목적은 평상시는 병원을 설립하여 질병의 예방과 국민보건에 기여하고 간호사 및 구호원을 훈련하여 재난에 대비하는 한편, 전시에는 부상자 가료의 임무를 수행하는 것이었다. 그러나 일제가 조선을 강점한 특수상황이었음으로 대한적십자회는 인도주의활동과 더불어 1920년 2월 간호사양성소를 설치하여, 독립전쟁에 대비하고자 하였다. 아울러 대한 적십자회가 국제적인 기관인 만큼 국제적십자연맹에 가입한다는 것은 임시정부가 국제적 승인을 얻는 문제와 직결되는 것이기 때문에, 국제적십자연맹에 꾸준히 교섭하였으나 국제적 승인을 얻지 못하였다. 그러나 대한적십자회의 꾸준한 국내외 활동은 조국광복의 견인차 역할을 하였을 뿐만 아니라 한국인에게 인도주의 정신을 함양하는데도 큰 기여를 하였다고 생각된다.

특히 대한적십자회는 한국인의 3·1운동과 비인도적인 일제의 무자비한 탄압을 사진을 통하여 전 세계에 알리는데 크게 기여하였다. 더구나 독자분들이 알고 있는 3·1운동과 관련 사진들을 대부분 적십자발행 사진첩에서 유래한 것임은 주목해야 할 부분이 아닌가 판단된다. 아울러 1920년 3·1운동 1주년을 맞이하여 러시아, 미국 등지의 행사에도 적극적으로 참여함으로써 독립정신과 인도주의 정신을 선양하고자 하였던 것이다. 특히 간호사 양성을 위한 노력은 그 대표적인 활동으로서 높이 평가된다.

그럼에도 불구하고 학계에서는 그동안 대한적십자회의 인도주의활동과 독립운동에 대하여 전혀 주목하지 못하였다. 이에 이 책에서는 3·1운동과 관련된 대한적십자회의 사진들을 통하여 대한적십자회의 활동과 그 역사적 의미를 밝혀보고자 한다.

본서는 크게 2부로 나누어져 있다. 1부에서는 대한적십자회 관련 사진들을 모아보았다. 사진들의 일부분은 알려져 있으나 대부분은 처음으로 공개되는 것들이다. 특히 사진들에 대한 정확한 설명은 앞으로 3·1운동을 이해하는데 큰 도움이 될 것임을 의심치 않는다.

먼저 대한적십자회가 발행한 영문사진첩에 대하여 살펴보고자 한다. 1920년에 발행된 이 사진첩은 영문으로 되어 있으며, 3·1운동에 대한 사진을 집대성한 것으로 볼 수 있다. 적십자회는 이 사진첩을 통하여 전 세계에 한국인의 독립에 대한 열망을 전달하고자 하여 영문으로 제작하였다. 이 부분 우리가 특별히 눈여겨볼 대목이다.

아울러 1920년 3월 1일 러시아 블라디보스토크 신한촌에서 진행된 3·1운동 1주년 기념행사에서 대한적십자회의 참여를 사진을 통하여 확인하게 될 것이다. 특히 대한적십자회의 깃발 아래, 대한적십자회 여성 대표의 연설 장면은 처음으로 확인, 공개되는 것으로 우리에게 큰 울림을 줄 것이다. 특히 적십자대표가 여성이라는 점은 더욱 우리를 놀라게 할 것이다.

다음으로는 미국 캘리포니아 디누바의 한인동포들이 3·1운동 1주년을 기념하는 행사를 촬영한 것이 있다. 20세기 초 사탕수수와 파인애플 농장에서 일하기 위해 하와이로 이주했던 한인들이 미국 서부로 건너가 정착한 대표적인 지역의 하나가 디누바. 적십자 회장인 이희경이 방문했던 이곳 한인들은 대한인국민회, 대한여자애국단을 조직하여 활동하고 있었다. 광활한 벌판위에 한인동포들이 태극기와 성조기를 들고 있는 모습, 특히 적십자 간호사 복장의 한인여성들이 독립문 모형앞에서 포즈를 취한 모습은 더욱 생동감이 있다. 또한 "적십자회"라고 쓰인 사진 설명들을 접하며 새로운 전율을 맞볼 수 있을 것이다.

마지막으로 상해임시정부 기관지 『독립신문』에 실린 대한적십자회의 다양한 보도들을 통하여, 온갖 고난과 악조건 속에서 1919년, 1920년의 대한적십자회를 살펴볼 수 있을 것이다.

2부에서는 논고를 통하여 대한적십자회의 활동을 보다 구체적으로 심층적으로 살펴볼 수 있을 것이다. 특히 영문사진첩과 더불어 러시아지역의 대한적십자회의 조직과 활동은 우리에게 또다른 새로운 사실들을 알려줄 것이다. 특히 러시아지역의 적십자활동은 민족주의자, 공산주의자가 공존하고 있다. 아울러 3·1운동 행사시에도 태극기, 붉은 적기, 대한노인동맹단 등 단체깃발과 더불어 적십자기가 함께 광장을 뒤덮고 있었다.

이 책을 통하여 그동안 잊힌 대한적십자회의 독립운동과 인도주의 정신이 독자들에게 다가가는 계기가 되었으면 하는 바람이다. 대한적십자회의 연구를 통하여 독립운동과 인도주의에 대하여 많은 것을 생각하는 계기가 되었다. 특히 독립운동과 인도주의는 공존할 수 있는가 하는 질문에 상호충돌이 아닐까 고민하게 되었다. 안중근 의사가 일제검찰의 심문당시 받았던 질문, 신앙인으로서 살인은 정당화될 수 있는가? 하는 바로 그것이었다.

당시 식민지치하에서 적십자활동에 참여했던 사람들의 인식은 어떠하였을까. 아마도 그들은 특정 국가를 위한 독립운동과 민족주의를 벗어난 초국가주의의 인도주의의 경계인으로서 깊은 고뇌를 하였을 것으로 판단되었다. 적십자인들에게는 일본과의 전쟁은 단순히 일본과의 전쟁이 아니라 반제국주의 운동의 일환으로서 한국의 독립운동을 인식하고, 선택한 것이 아니었을까 생각되었다. 바로 반제국주의운동은 인도주의운동과 상호 보완관계였던 것으로 보인다. 적십자인들의 활동은 독립운동을 넘어 한 단계 발전된 반제국주의운동, 인도주의 운동 즉 평화운동의 차원에서 적십자운동을 전개한 것으로 판단된다.

안중근 의사의 동생으로서 적십사회를 이끈 안정근이 바로 이 정신의 구현자가 아닌가 한다. 안중근 의사는 독립을 넘어 동양평화, 세계평화를 주창한 인물이었다. 안중근 의사의 동생 안정근 의사는 이러한 안중근 의사의 평화정신을 대한적십자회에서 찾았을 것으로 보인다. 즉, 안정근은 대한적십자회의 회장, 부회장으로서 형의 유지를 받들어 평화정신, 인도주의 정신을 계승발전시키고자 하였던 것이다. 아울러 적십자회원들은 안중근 의사의 이러한 평화정신의 계승자로서 한국독립운동계의 다양한 이상향을 대표하는 또다른 대표자들로서 평가된다.

Movement / 미국 다누바지역 대한적십자대의 3·1운동 / 멕시코와 쿠바 대한적십자회의 3·1운동·러시아 대한적십자회의 3·1운동·러시아지역 대한적십자회의 주요 인물들

2부. 대한적십자회의 조직과 활동

대한적십자회 3·1운동 영문사진첩(The Korean Independence Movement)·러시아 대한적십자회의 조직과 주요 구성원

한편 해방 이후의 남북, 북남적십자에 대하여도 연구가 필요하지 않을까 생각해 보았다. 북한적십자의 경우, 해방 후의 성립, 한국전쟁, 재일동포의 북송, 남북적십자회담 등으로 정리해 볼 수 있지 않을까 생각된다.

정년기획 연구총서 간행을 준비

2021년부터는 정년기획책자간행을 준비하고자 하였다. 총 7권으로 『신흥무관학교』, 『만주독립전쟁』, 『러시아한인독립전쟁』, 『근대민족운동의 재발견』, 『한국독립운동사의 반성과 과제』, 『대한민국임시정부의 현장을 가다』, 『100년을 이어온 역사가의 길』 등으로 기획하였다. 말이 기획이지 남아 있는 논문들을 하나의 책으로 묶어가는 창피한 작업이다. 책으로 만든다고 하니 나름대로 정리되어 가는 느낌이다. 어설픈 일이기는 하나 미래를 위한 기초 작업이라고 여기고 싶다.

『신흥무관학교』(선인, 2021)

신흥무관학교는 1911년 6월 10일 만주 유하현 삼원포 추가가에서 신흥강습소로 출발하여 1920년 폐교되기까지 3천여 명이나 되는 독립군을 배출한 대표적인 독립군 사관학교였다.

이 신흥무관학교는 일제강점기 국내외의 모든 항일무장투쟁의 뿌리가 되었다. 특히 신흥무관학교는 특정 세력이 아니라 이석영, 이회영, 이시영 등 6형제, 안동의 이상룡, 김대락, 김동삼 등과 경기도의 여준, 윤기섭, 임면수, 김창환, 충청도의 이동녕, 이세영, 이장녕 등 신민회 계열 다수의 인사들이 동참한 단합의 상징적 결과물이었다. 더구나 재정적인 어려움에 봉착하였을 때에도 수많은 동포들의 노력과 힘과 땀방울이 신흥무관학교 유지의 원동력이 되었던 것이다. 신흥무관학교에서는 생도들에게 군사교육뿐 아니라 정신교육도 실시하였다. 특별히 주목되는 점은 신민회의 정신을 계승하여 공화주의적 정치이념을 바탕으로 한, 새로운 국민이 주인인 새로운 국가를 건설하기 위한 민족의 군대, 공화주의 지향의 군대를 만들고자 하였다는 것이다. 신흥무관학교에서 배출한 수많은 독립군지도자들이 비록 국가건설론에는 차이가 있었지만, 기본적으로 국민을 위한 독립군으로서 그 역할을 다하고자 했다. 신흥무관학교는 국망 이후 독립전쟁론에 근거하여 만주벌에 만든 최초의 독립군양성기관으로서 그 역사적 중요성은 이루 말할 수 없다. 이곳 신흥무관학교 출신들이 해방이 되기 전까지 청산리전투를 비롯하여 수많은 독립전쟁에 참여하여 독립의 밀알이 된 것은 신흥무관학교의 중요성을 절실히 느끼게 한다. 또한 신흥무관학교 설립 이후 만주, 시베리아, 미주 등 국외의 여러 곳에서 무관학교들이 만들어져 제2, 제3의 신흥무관학교 탄생의 전범이 된 것은 더욱 중차대한 의미일 것이다.

이 책은 기존의 연구 성과들을 토대로 필자의 연구 성과를 정리해봄으로써 신흥무관학교의 전체상을 새롭게 살펴보고자 하는 데 목적을 두고 있다.

결국 이 책에서 필자는 신흥무관학교를 새롭게 살펴보고자 하였다. 신흥무관학교가 신민회 정신을 바탕으로 공화주의 독립군을 양성하고자 하였고, 특정 집안이나 세력뿐만 아니라 보다 광범위하고 다양한 많은 인물들이 참여한 독립군 사관학교였음을 보여주고자 하였다. 아울러 새로 나온 자료들에서 졸업생들을 확인하여 가능한 한 졸업생 명단을 파악하고자 하였다. 또한 졸업생들이 한국독립운동을 이끈 근간이 되었으며, 해방 후에도 남북 국가 건설의 토대가 되었음을 밝히고자 하였다.

목차

『만주독립전쟁』(선인, 2021)

        최근 학문적으로 융합, 창조 등의 단어들이 회자되면서 좀 더 다양한 인접 분야와 접촉할 수 있는 기회들이 늘어나게 되었다. 음악, 사진학 등의 경우는 콘텐츠라는 새로운 학문의 등장으로 우리와 더욱 친근하게 교류할 수 있는 장이 된 것이 아닌가 한다. 다양한 새로운 시각 속에서 만주지역 한인민족운동사를 접근해 보면 어떨까 하는 생각들이 들었다. 노래, 교과서 속의 독립운동사 사진들에 대한 분석은 시험적 접근에 큰 도움이 되었다.

1장에서는 새로운 시각으로서 아리랑과 독립운동사진들을 통하여 한국독립운동사를 살펴보고자 하였다. 아리랑으로 상징되는 노래는 독립운동사를 투영해볼 수 있는 또 하나의 잣대가 아닌가 생각되었다. 2장에서는 독립군 기지건설을 위해 군자금 모금 활동을 하였던 안승구와 김좌진의 첫 만남을 살펴보았다. 1910년대 안승구와 김좌진은 서울에서 함께 군자금 모집 활동을 전개하였다. 3장에서는 잊힌 청산리의 영웅들인 나중소와 박영희에 관심을 기울였다. 4장에서는 중국군 장교 김정묵, 의사 김교준, 농장주 염석주 등 기존에 주목하지 못한 다양한 직업의 인물들에 대하여 살펴보았다. 5장에서는 만주지역 3·1운동에 대한 한국과 중국의 사료분석과 구술자료를 통하여 독립운동을 보다 입체적으로 알아보고자 하였다.

지난 6-7년 동안의 화두는 독립운동의 새로운 시각이었다. 사진역사학, 음악, 무기, 군자금, 행군, 식량, 전략, 질병, 근거지 등 다양한 주제들과의 관련성을 어떻게 잘 꾸며볼 수 있을까 하는 것이었다. 앞으로 지속적으로 관심을 기울일 것이다.

사진 출처와 내용 / 3. 만주지역 관련 사진 현황 / 4. 3·1운동 관련 사진 현황 / 5. 사진 설명에 대한 엇갈린 의견 / 6. 독립운동사진의 특성과 사진분석의 과제

제1장 미디어 자료의 활용 : 아리랑과 사진

1. 독립군과 아리랑 : 중원대륙. 독립정신에 깃들다. / 2. 간도 한인사회 사진자료 현황과 추이

제2장 잊혀진 군자금 이야기 : 안승구와 김좌진

1. 안승구 : 김좌진과 함께 군자금 모집 활동 / 2. 김좌진 : 보천교 군자금 모금

제3장 새롭게 발굴한 청산리 영웅들 : 나중소와 박영희

1. 나중소 : 대한제국 장교출신 / 2. 박영희 : 신흥무관학교 출신

제4장 다양한 직업군의 독립군들 : 김정묵·김교준·염석주

1. 김정묵 : 중국군 장교로 활동 / 2. 김교준 : 의학교 1회 졸업생 / 3. 수원지주 염석주와 만주 농장

제5장 3·1운동 사료의 비교분석과 구술작업

1. 서로의 사료로 본 한·중역사 : 북간도지역 3·1운동 / 2. 만주에서 광복군으로, 이영수 육성증언

『러시아한인 독립전쟁』(2022, 선인)

　　　　1992년 1월 초 처음으로 러시아와 카자흐스탄을 방문하였다. 러시아지역을 보다 잘 이해하고 싶다는 나의 학문적 열정 때문이었다. 그곳에서 잊혀진 수많은 새로운 독립전쟁의 영웅들이 있다는 것을 절실히 깨달을 수 있었다. 러시아한인 독립전쟁 연구의 시작

은 이렇게 이루어졌다.

2022년. 연구를 시작한 지 만 30년. 그동안 다양한 연구서와 답사기, 사진첩 등을 간행했고, 그 연속작업의 일환으로 그동안 책에 담지 못한 내용들을 정리하여 『러시아한인 독립전쟁』이란 제목으로 엮어 보았다. 고려인의 위대한 항일운동의 특징과 상징성이 바로 '독립전쟁'이라고 생각했기 때문이다.

이 책은 모두 6장으로 나누어져 있다. 먼저 러시아에서 활동한 여러 군상의 혁명가들을 3가지 유형으로 나누어 보았다. 문창범·유진률·김학만·최봉준 등과 같이 러시아 국적의 독립운동가들, 류인석·이범윤 등과 같이 대한제국의 부활을 꿈꾸며 국내에서 온 인사들, 정재관처럼 미국에서, 여운형·김공집처럼 중국에서 온 운동가들이 그들이다. 이들에 대한 분석을 통하여 러시아에서 활동한 다양한 유형의 독립운동가들을 새롭게 조명해 보고자 하였다. 특히 이 가운데 블라디보스토크 민회 지도자인 김학만에 대하여는 학계에서도 처음 조망하는 인물로 주목된다.

다음으로는 독립운동기지인 이만 라불류 농장, 러시아 독립운동의 성지 신한촌에서의 항일운동, 3·1운동과 대한국민의회, 그리고 러시아 동포들의 민족의식 고취에 기여한 『애국혼』 등을 통하여 러시아지역 항일운동의 단면을 살펴보고자 하였다. 특히 라불류농장은 만주지역의 백서농장과 궤를 같이하는 것으로 학계에 처음 소개되는 것이다.

아울러 일제의 가장 대표적인 한인탄압의 상징인 1920년 4월 참변의 기록을 정리해보고자 하였다. 특히 대표적인 인물인 최재형에 주목하였다. 또한 4월참변 이후 독립운동계의 엇갈린 선택, 친일과 항일의 경계선에 선 모습을 심도 있게 밝혀보고자 하였다.

끝으로 러시아와 중앙아시아에서 만난 독립운동가와 그 후손들에 대한 이야기들을 조망하였다. 특히 타쉬켄트 한국교육원의 설립에 대한 검토는 고려인 교육의 개척적 진행과정을 보여줄 수 있다는 측면에서 특별한 의미가 있다고 보여진다.

신, 재러한인 비행사 김공집

제4장 연해주에서의 민족운동 전개

1910년대 이만 라불류농장과 독립운동 −『권업신문』을 중심으로 − / 독립운동의 성지 신한촌 / 대한국민의회와 연해주지역 3·1운동의 전개 /『애국혼』의 간행과 내용: 역사교재

제5장 일제의 탄압 −4월 참변과 엇갈린 선택

기록을 통해 보는 러시아 연해주 4월참변 −최재형을 중심으로− / 블라디보스토크 조선인거류민회의 조직과 활동 / 일제의 회유정책 −니코리스크 지역 간화회를 중심으로−

제6부 독립운동가 후손들과의 만

우즈베키스탄 타슈켄트 한국교육원의 설립과 활동(1992−1994)

『근대민족운동의 재발견』(2022, 선인)

　　　　1986년부터 수원대학교에 봉직하면서 지역과 관련된 다양한 주제들을 접할 수 있었다. 지역의 3·1운동, 유적지 답사와 후손들과의 만남, 지역 출신 여성 선각자들, 학교, 소방, 화재, 체육 등이 그것이다. 이러한 주제들을 공부하여 근대 수원의 역사와 문화를 재발견할 수 있었다. 아울러 수많은 분들과 만나며, 식민지시대 항일 독립운동은 몇몇 지도자들만의 전유물이 아니라 각 지역에 살고 있는 우리 동포 모두의 열과 성이 담긴 작품임을 인지할 수 있었다. 이에 지역에서 이름 없이 공헌한 여러분께 진심으로 감사를 드리고 싶다. 이것이 본서를 간행하게 된 이유이다.

1부에서는 3·1운동과 사진, 답사, 구술 등을 통하여 그동안 등한시하였던 잊혀진 부분들에 대하여 조망하고자 하였다. 그 한 사례로 한국의 대표적 3·1운동 항쟁지인 수원군지역에 주목하고자 하였다.

2부에서는 여성사 연구에 대한 관심을 표명하고자 하였다. 그동안 만주지역 여성 독립전쟁영웅으로 활동한 남자현 등에 주목한 바 있다. 이번에는 결이 다른 수원출신 여성 선각자들인 나혜석과 차인재에 대하여 알아보고자 하였다.

3부에서는 근대 체육과 소방을 살펴보고자 하였다. 이는 근대화의 관점에서 조망된 것으로 지역적으로는 수원지역의 사례를 중심으로 알아보고자 하였다.

4부와 5부에서는 근대교육의 탄생에 대하여 알아보고자 하였다. 교육은 보편성과 특수성이 있다. 수원군 중 오늘날 수원시와 화성시의 향남, 팔탄, 양감 지역의 사례를 통하여 살펴보고자 하였다.

6부에서는 지역사연구의 활성화를 기대하며 가벼운 글들을 작성하였다. 문봉식 등 독립운동가와 수학여행, 성공회교회, 인쇄인 등이 그것들이다. 앞으로 병원, 향교, 음식점, 극장 등 다양한 공간들에 대하여도 관심을 기울이고 싶다.

목차
책을 내며

『한국독립운동사의 반성과 과제』(국학자료원, 2023)

　　　　　해방 이후 한국독립운동사연구는 자료의 제한과 불완전한 환경에도 불구하고 수많은 연구자들의 피나는 노력과 열정으로 전체적인 모습의 상당 부분이 이루어졌다. 그럼에도 불구하고 미진한 부분들이 남아있음을 누구나 공감할 것이다. 아직도 좌우이념, 자료 제한, 국수적 시각 등에 의해 연구되지 못한 부분들이 많이 남아있기 때문이다. 연구된 부분들도 또한 과장과 선양, 영웅주의, 애국심 등으로 재검토의 여지가 있는 것도 사실이다. 세계사적 시각의 부재, 방법론 역시 천편일률적으로 다양하지 못하여 대중들로부터 사랑을 받는 데도 일정한 제약이 있어 왔다. 최근에는 젊은 연구자들이 거의 없어 서글픈 생각까지 든다.

　30여 년 세월 독립운동사를 연구하며 나 자신에 대한 반성을 토대로 잊혀진 것들을 복원하며, 새로운 연구방법들을 추구해보고자 하였다. 그러나 개인의 능력 부족으로 이는 간단한 일들이 아니었다. 이에 동학들의 분발과 후학들을 기다리며, 앞으로 좀 더 노력하며, 연구과제들을 심층화 해보고자 한다. 이번에 책자에 담은 것은 그런 일련의 과정 속에서 나온 것들인데, 아직 설익은 과일과도 같다. 책 제목을 『한국독립운동사의 반성과 과제』라고 한 이유가 여기에 있다.

　1장에서는 역사통일의 최전선, 새로운 만남에 주목하고자 하였다. 그동안의 학문발전과 교류 등은 한국 내에서 주로 이루어져 왔다. 그러나 미래에는 통일된 조국하에서 학문적 연구들이 이루어질 것이다. 이를 위한 하나의 초석으로서 통일을 지향하며, 북측학자들과의 만남과 학술교류, 답사기를 수록하였다. 북만주에서의 남북 공동학술회의와 답사, 평양, 개성, 보천보, 묘향산 등 북녘땅에서의 만남 등도 기록하였다. 이 부분은 그동안 대내외적인 여건을 고려하여 발표하지 않은 글들이다. 분단이라는 시대상황을 넘어 통일지향, 나아가 동북아 전체의 구도 속에서 독립운동사가 재정립되기를 기대해 본다.

2장에서는 답사를 통해 독립운동에 대한 기억과 이에 대한 기념을 살펴보고자 하였다. 그동안의 해외 답사를 탈피하여, 남산을 중심으로 서울의 독립운동사적지를 답사하였다. 남산의 안중근기념관, 명동 일대의 나석주, 이회영, 서울역의 강우규 동상 등을 둘러보며, 우리의 인근에 있는 흔적들의 소중함을 다시금 생각하게 되었다. 아울러 단순한 유적지 조사를 넘어 유적지들의 기념에 대하여 알아보았다. 그한 사례로 청일전쟁과 러일전쟁을 중심으로 여순과 블라디보스토크에 있는 사적지들에 대하여 검토하였다.

3장에서는 세계사적 시각으로 인도주의에 주목하였다. 독립전쟁의 와중에도 인도주의를 향한 끊임없는 노력들이 적십자를 통하여 있었음을 실증적으로 보여주고 싶었다. 특히 이번 논고에서는 그동안 주목하지 않은 자료들에 관심을 기울이고자 하였다. 아울러 해방 이후 북한에서도 역시 표면적이나마 인도주의가 공존하고 있었음을 로동

신문을 통하여 역사 속에서 밝히고자 하였다.

4장에서는 독립운동사연구에 대한 반성을 토대로 앞으로 지향점들에 주목하고자 하였다. 즉, 미래지향적 관점에서 새로운 주제 및 방향성들을 제시하는 초보적인 글들을 써보고자 하였다. 탈신화, 탈영웅주의, 반전과 평화의 시각에서 김좌진 등 항일독립운동사 연구를, 잊혀진 사료탐구로서 대한민국역사박물관 유일 소장본『독립신문』등을, 독립운동가연구를 넘어 다양한 인간상의 연구 사례로서 사회사업가 김주용의 경우를 밝혀보고자 하였다. 아울러 해방직후 학회를 조직하고, 한국사를 체계적으로 연구하고자 피나는 노력을 경주한 선학들의 노력을 사해와 역사학연구를 통하여 알아보고자 하였다.

5장에서는 만주지역을 중심으로 새로운 독립운동사 이해 방향을 살펴보고자 하였다. 이를 위한 한 사례로서 박영석의 독립운동사연구에 주목하고자 하였다. 박영석은 만주지역 독립운동사연구의 개척자 가운데 한 사람이기 때문에 초창기 연구의 현황과 문제점 등을 밝히는데 도움을 줄 수 있을 것으로 판단되었다. 아울러 최근의 연구들을 토대로 독립운동사연구의 새로운 방향을 제시해보고자 하였다.

이 책은 그동안의 필자의 연구성과를 정리해보고, 반성을 토대로 새롭게 집필된 것들이 대부분이다. 선친 박영석 교수의 뒤를 이어 만주, 러시아 등 대륙의 독립운동사에 관심을 기울여 왔고, 많은 것을 배우고 깨달았지만 문제점을 극복하고 이를 실천하여 완성하지 못하였다. 앞으로 〈제1차 세계대전과 한국독립운동〉, 〈동아시아와 만주지역 한인독립운동〉, 〈한인디아스포라와 한국독립운동〉 등, 좀 더 세계사적 시각에서 한국독립운동사가 자리매김될 수 있도록 노력하고 싶다.

『대한민국임시정부의 현장을 가다』(선인, 2023)

　　　　역사학자의 길은 연구와 답사로 요약될 수 있다. 연구가 문헌사료들을 중심으로 이루어진다면, 답사는 사료들의 현장을 직접 목도함으로서 사료에 새로운 생명을 불어 넣어주는 작업이라고 할 수 있다. 그러므로 현장답사를 통하여 비로소 역사가의 논문과 저술이 완성된다고 볼수 있다. 역사학자들은 누구나 현장을 보기를 갈구한다. 새로운 연구성과를 기대하며, 보다 풍성한 내용을 담아내고 싶기 때문이다.

　중국의 경우 1992년 국교가 수립되어 1992년부터 2019년까지 상해, 소주, 항주, 가흥, 남경, 장사, 유주 계림, 광주, 기강, 중경 등 여러 곳을 다수 다녀왔다. 그때의 감동을 지금도 잊을 수 없다. 더구나 1992년 8월 24일 임시정부가 있던 중경에서 맞은 국교수교는 더욱 감동 그 자체였다. 또한 동년 윤경빈 등 생존 광복군 지사들과 함께 한 답사는 흥분의 도가니였다. 환국 이후 처음 자신의 옛 활동지인 역사의 현장 중경을 찾아 눈물을 흘리며 당시를 회고하는 그 모습은 지금도 생생하다.

　중국의 방문은 한국독립운동사를 이해하고 저술하는데 큰 도움들을 주었다. 특히 현장의 감동과 독립운동가들의 숨결과 열정을 함께 느낄 수 있었던 것은 연구자에게 큰 행운이었다. 당시의 감동들을 메모하고 사진들도 촬영하고, 자료사진들과 비교 검토해 보기도 하였다.

그럼에도 불구하고, 독립운동사 전공자이긴 하지만 임시정부 전문가가 아니라서 답사 책자 간행은 엄두도 내지 못하였다.

최근 임시정부의 중요성에도 불구하고 그동안 학계의 전문안내서가 많지 않음을 인지하게 되어 감히 용기를 내게 되었다. 또한 그동안 수많은 초중등교사들, 일반시민, 학생들과 함께 한 경험과 감동들을 대중화하는 작업이 무엇보다 중요하다고 생각하였다. 아울러 답사의 편린들을 모아 정리해두면 후학들과 앞으로 탐방하시는 분들께 도움이 되지 않을까 판단하였다. 책을 간행한 동기가 바로 여기에 있다.

그럼에도 불구하고 사실 두려움이 앞선다. 일차적으로 사라져 버린 역사의 현장을 위치비정하는 작업의 어려움 때문이다. 당시의 지도와 현재의 지도 및 지적도를 비교 분석하는 작업은 다양한 분야의 전문가들의 공동노력이 필요한 일이다. 위치비정이 잘못된 경우들도 있다. 특히 도시와 도로의 변화는 이를 더욱 힘들게 한다. 자료 사진의 고증 및 설명도 역시 힘든 작업의 하나이다. 특히 임시정부 이동시기의 경우 더욱 그러하다. 1935년 11월 사진들은 항주, 가흥, 진강 등 동일한 사진에 대해 책자마다 설명이 다르다.

그러므로 최대한 전문가들의 조언과 연구를 바탕으로 답사기를 작성해 보고자 하였다. 사진자료와 위치 비정 등은 독립기념관. 대한민국역사박물관. 대한민국임시정부기념관 등의 자료실을 통해 확인하고 수정 보완해 나갔다. 특히 자료사진의 경우 홍소연님의 도움을 많이 받았다.

1장에서는 대한민국임시정부 유적지를 중심으로 살펴보았다. 상해, 가흥, 항주, 남경, 장사, 유주, 기강, 중경 등 유적들에 대하여 당시의 감동을 생생하게 전달하고자 하였다. 독립기념관 홈페이지 국외독립 운동사적지의 내용도 충분히 반영하고자 하였다. 최근까지의 학계의 연구조사결과를 수록하고 있기 때문이다.

2장에서는 학병으로 징병되어 일본군을 탈출, 중경 임시정부로 향하는 장준하의 발길을 정리해 보았다. 서주, 임천, 노하구, 중경 등지로 향하는 그의 애국 열정을 사실적으로 기록하고자 하였다. 장준하의 한걸음 한걸음은 조국의 광복을 향한 열정 그 자체임을 확인할 수 있었다.

3장에서는 조선의용대와 조선의용군에 대하여 알아보고자 하였다. 1939년 조선의용대의 흔적을 살필 수 있는 계림과 잊혀진 혁명의 도시 연안이 바로 그것이다. 계림에서는 조선의용대와 조선혁명선언을 기초한 류자명의 흔적을, 연안에서는 임시정부와 다른 길을 걸었던 한위건, 김산, 정율성 등 젊은 혁명가들의 흔적을 찾아 답사하였다. 연안 입구의 보탑은 공산혁명을 상징하고 아직도 그 자리에 서 있었다. 혁명가들이 머물렀던 요동에는 아직도 체취가 남아 있는 듯하여 더욱 감동스러웠다.

목차

집안 자료의 정리

집안 자료의 정리는 내게 가장 무거운 짐이자 즐거움이기도 하다. 특히 조부 박장현이 평소에 읽던 한적들, 그리고 『국역중산전서』 편집 시 사용했던 원본들을 확인하고 살펴보는 재미 또한 큰 즐거움과 행복이라고 할 수 있을 것이다.

증조부 박재범

몇 년째 이어져 오는 작업이지만 진척이 별로 없다. 그래서 생각한 것이 논문 작성을 통한 자료 정리이다. 공부도 되고 어느 곳이 비었는지 등도 파악할 수 있는 좋은 방법이라고 생각되었다. 그래서 작성한 논문이 증조부 박재범에 관한 것이다. 『숭실사학』에 〈1930년대 경북 청도 농부의 일상-이서면 수야 박재범 자료를 중심으로〉란 제목으로 정리해 보았다. 증조부에 대하여 좀 더 알게 된 것은 큰 즐거움이었다. 특히 경상북도 청도군 풍각금융조합 등에 관한 것은 1930년대 농촌사회를 이해하는데 큰 도움이 되었다.

조부 박장현

아직도 진행하고 있는 큰 것은 조부 박장현에 대한 것이다. 조부의 자료들은 주로 유학관련 자료들이다. 자신의 책자를 저술할 때 사용한 책자 및 자료들, 또한 당대 선비들이 보통 읽고 소장하던 책자들이 다수라고 할 수 있을 것이다. 특히 간찰류가 많은데 이는 국내 및 일본 선비들과의 편지 내왕이다. 그 중 특히 흥미로운 것은 일본으로의 유학과정에서 생산된 사진, 도항증, 전보 등이다. 아울러 책자 『彝傳』 발간과 관련하여 조선총독부의 검열과정을 보여주는 자료들도 다양하게 있어 주목된다. 앞으로 〈조선총독부와 검열－『이전』을 중심으로〉라는 글을 한번 써보면 어떨까 꿈꾸어보기도 한다.

처음에는 『국역중산전서』를 간행하면서 집안의 자료들이 전체적으로 정리되었다고 생각하였다. 그런데 알고 보니 중산전서를 만들기 위해 사용했던 서간 및 사용하지 않은 기본 자료들이 다수 있음을 알게 되었다. 이것은 박장현이 중요하지 않다고 판단하여 책자에 수록하지 않은 것들이다. 한문 실력이 부족한 입장에서 이들 자료들의 정리 작업은 나의 능력 밖의 일이다. 그럼에도 불구하고 한번 보지도 않고 기증한다는 것은 후손으로서 도리가 아니라고 생각되어 아직도 끙끙되고 있는 실정이다.

그밖에 특별한 것이 있다면 일본 유학시 선물로 받거나 또는 구입한 책들일 것이다. 1930년대 일본유학사 및 한일간의 학술교류를 이해하는데 도움을 줄 수 있을 것으로 판단된다. 이 책들의 출처 및 내용을 처음에는 알 수 없어 막막하였는데, 박장현이 지은 「동경유기」에서 그 실마리들을 찾아볼 수 있어 큰 즐거움이 되었다.

아버지 박영석문고를 기대하며

선친 박영석은 독립운동사 연구자였다. 주로 만주지역을 중심으로 하였고 국사편찬위원장을 10여 년 정도 하였다. 자료는 고려대학교 재학 이전의 것과 그 이후의 것으로 나누어 볼 수 있다. 전자로는 초등학교 졸업장, 중고등학교 자료들, 후자로는 대학시절의 논문, 읽던 책들이다. 특히 학부 졸업논문인 동학농민운동은 인상적이다.

독립운동에 대한 것으로는 서적, 사전류, 지도류, 구술녹취록, 사진류 등으로 크게 대별할 수 있을 것 같다. 서적의 경우 일제강점기와 그 이후를 나눌 수 있는데 전자로는 주로 만주지역과 관련된 것들이 다수를 이루고 있다. 결국 박영석 소장 자료는 만주지역 한인독립을 이해하는데 큰 도움이 되는 것들이라고 볼 수 있다. 아울러 박영석의 유품들에도 주목할 필요가 있을 것 같다. 사용하던 생활용품과 필기 도구, 의복, 담배 파이프, 명함, 병석에서의 메모들, 답사시 사용하던 카메라, 일기장들이 그것이다.

독립기념관, 대한민국임시정부기념관 등에는 독립운동가들을 중심으로 소장품들이 전시 및 소장 되어 있다. 그러나 독립운동사를 서술, 연구하고, 역사를 만들어 가는 과정을 보여주는 코너는 없다. 즉 독립운동사를 연구하는 연구자의 모습을 보여주는 장은 별도로 없다. 이러한 공간 또한 독립운동의 한 단면를 입체적으로 보여주는데 큰 역할을 할 수 있을 것으로 보인다.

한국청도역사가박물관을 꿈꾸다

나이가 들다보니 고향 청도에 대한 애착도 그만큼 커져 가는 것 같다. 청도문화연구회에 참여하면서 많은 가르침을 받고, 박물관 설립에 대하여도 생각해 보았다.

취지서

청도군은 산수가 아름다운 대표적인 고장으로, 화랑도 와 새마을운동의 발상지, 한국전쟁 당시 대표적인 피난처, 소싸움, 반 시의 명산지로서 널리 알려져 있다. 그러나 사실 청도가 역사학자들을 다수 배출한 역사학자의 산실임을 아는 사람은 많지 않다. 그 유명한 고려시대 일연스님이 『삼국유사』를 집필한 곳이 청도 운문사이며, 조선시대의 사관을 대표하는 김일손의 고향이 청도이며, 그를 모신 묘소와 자계서원이 있는 곳 또한 청도이다.

청도의 역사학자 전통은 여기서 그치지 않고 현재에도 계속되고 있다. 국사편찬위원장으로 10년간 봉직한 박영석, 국사편찬위원회 편사부장으로서 한국사 발전에 기여한 박홍갑 박사 역시 청도가 배출한 대표적인 역사학자들이다. 또한 고고학을 전공한 김구군, 박승규 박사, 박보현 교수, 민속학자 석대권 교수. 한국근현대사 전공자인 한상도, 도진순, 박수현, 변은진 교수 등 역시 청도가 배출한 역사학자들이다. 아울러 박영석의 자제인 박주, 박환, 박단, 박강 교수 등도 역사학을 하고 있다. 조선시대사 전공자로 유명한 신병주 교수 역시 처가가 청도이다. 향토사학자 박윤제 전 청도문화원장 또한 지역사의 대표적 전문가이다.

이처럼 청도군은 고려시대부터 조선, 근현대에 이르기까지 걸출한 역사학자들을 다수 배출한 한국을 대표하는 역사가의 산실이다. 그럼에도 불구하고 지금까지 이에 주목하지 못한 것은 우리 모두의 무관심에서 출발한 것이 아닌가 한다. 늦은 감은 있지만 문화를 사랑하는 우리 청도군민들은 한국청도역사가박물관(가칭)을 건립하여, 청도군의 정신문화 함양은 물론 체계적 자료수집, 전시를 통하여 청도의 시대

정신을 구현하는데 앞장서야 하지 않겠는가!.

주위를 돌아보자! 각 지역 지지체들은 문학관, 미술관, 독립기념관, 박물관 등 지역의 특성을 살린 다양한 기념관, 박물관 등을, 또는 특정 개인을 선양하는 기념관들을 만들고 있다. 그럼에도 불구하고 우리 청도는 있는 자산도 적극적으로 활용하지 못하고 있어 안타까운 마음 금할 길이 없다. 이제라도 〈한국청도역사가박물관〉(가칭)을 군민의 총의로 만들어 청도문화정신의 확립과 군민의 자부심 함양에 기여해야 할 것이다. 특히 학생들과 청년, 교사, 공무원들의 체험 및 교육의 장으로도 적극 활용하여 교육, 문화, 관광의 벨트화를 입체적으로 구축함으로써 청도문화발전에도 힘을 경주할 것을 요청하는 바이다.

청도인이여! 우리 모두 전국 최초의 한국청도역사가박물관 건립에 정성을 다하자. 함께 건립에 동참하여 우리의 후손들에게 자랑스러운 청도인의 시대정신과 역사정신을 보여주자. 역사정신이 있으면 흥하고, 그렇지 않다면 망할 것이다.

역사가박물관 건립하여 문화유산 보존하자.
역사가박물관 건립하여 청도의 역사정신, 자부심과 자긍심 고양하자
역사가박물관 건립하여 청도의 문화 발전시키자.

나의 길: 4차 혁명시대, 새로운 역사학의 지향

정년이 다가오니 책정리가 큰 과제이다. 요즈음은 책을 기증받는 국내의 대학도서관이나 박물관이 드물다. 그러므로 퇴임하는 교수들은 연구실을 비워야하므로 이 문제가 가장 중요한 화두가 되곤 한다.

나의 역사학의 특징은?
나는 어떤 역사학자일까?
서강학파인가?

30여년 세월

선생이자. 학자로서 역사학계의 한 구성원으로 생활해 왔다. 4차혁명. 빅데이터 시대를 맞이하여 기존의 나의 연구결과의 효용성에 대하여 생각해 보게 된다. 실사구시적 기존의 작업들은 어떤 의미일까. 아마도 기초적인 의미외에 별 의미를 가지 못하는 것이 아닐까 짐작된다.

어떤 역사학이 살아남을 것인가. 미래지향적 역사학은 어떤 것일까

후대의 역사학자들이 할 수 없는 것. 이시대 사람만이 할 수 있는 것. 나의 기존연구에서는 어떤 것일까. 있기는 한 것일까. 해석. 평가의 역사가 그중 한 부분일 것이다. 거시담론적 역사해석. 답사기들 또한 그러한 범주에 들어가지 않을까?

『박환 교수의 만주지역 한인유적답사기—개정판』의 머리말이 떠오른다.

필자가 『만주지역 항일독립운동 답사기』를 간행한 이후 적지 않은 세월이 지났지만 만주지역 한인 유적 답사에 대한 전문 학자의 저작은 그 후에 간행된 것이 거의 없는 것 같다. 필자의 저서 역시 품절이 되어 이 지역의 한인 유적을 답사하는 분들의 요구에 부응하지 못하고 있어 안타까운 마음 그지없다. 이에 지난 기간에 새로 입수한 자료들과 사진들을 보완하여 새로이 답사기를 만들고자 결심하였다. 본서를 간행하면서 필자는 다음과 같은 점에 유의하였다. 우선 사진과 자료 등을 통하여 만주지역 항일 독립운동의 전체상을 보여주고자 하였다. 둘째, 〈사진으로 보는 만주지역 한인 사회와 민족운동〉을 통하여 보다 생동감 있는 책자가 되고자 노력하였다. 아울러 내용 가운데에도 다수의 사진을 추가하여 보는 이의 이해를 돕도록 하였다. 셋째, 한인 독립운동 외에 고구려, 발해, 백두산 등지의 사진도 추가하여 만주지역 한인 관련 사적을 전체적으로 이해하도록 하였다.

그동안의 나의 연구는 독립운동단체 및 인물들의 발굴들에 치중되었다. 실사구시적 입장에서 가치가 있지만, 이런 작업들은 빅데이터를 이용하면 보다 간단하게, 정확하게 이루어질 수 있는 것들이다. 즉, 쓸데없는 작업들이라고도 할 수 있을 것이다. 영원한 생명력을 갖는 것은 있을 수 없다. 그렇다고 하더라도 열과 성을 다하여 작업을 추진했던 그때의 성과들과 추억들은 여전히 소중하고 아름답다. 역사의 진실을 생동감 있게 복원하기 위하여 동분서주하던 그 시절이 그립다. 도와주신 많은 분들께 감사를 드린다.

앞으로는 북한사, 등록문화재, 유물들, 답사, 강연 등 그동안 관심을 기울이지 못한 부분들과 내가 잘 할 수 있고, 흥미로우며, 대중들에게도 도움이 되는 곳에서 일하고 싶다. 아울러 보다 생동감 있고 살아 움직이는 나의 관점이 있는 글을 써야겠다고 다짐해 본다.

한편 기록관과 수장고의 소중함을 새삼 느낀다. 특히 개인의 사적 물건정리 및 보관, 처리의 어려움이 가장 큰 과제. 역사학, 박물관, 기록관과의 만남의 필요함을 절감한다. 역사학자의 머리에는 전시개념이 별로 없다. 대중과 소통하는 박물관, 콘텐츠. 방송개념이 있어야 한다고 본다. 자료를 보는 관점이 좀더 확대될 수 있을 것 같다. 2021년부터 해오고 있는 경기도 등록문화재 위원은 나에게 이 분야에 대한 큰 도움을 주고 있다.

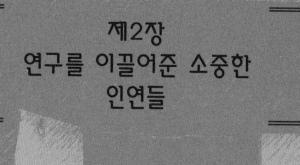

제2장
연구를 이끌어준 소중한
인연들

한국민족운동사학회

    한국민족운동사학회는 나의 학문발전에 가장 소중한 기억이며, 정신적 토대였다. 선친과 동료 학자들이 학회를 창립하였고, 필자가 그 뜻을 계승 발전시키기 위하여 노력하였으며, 나의 자제들이 또한 참여하여 미력을 보태고 있기 때문이다. 앞으로도 학회가 보다 발전하기를 기원한다. 『한국민족운동사연구』 100호 발간을 축하하며 권두언으로 쓴 글을 통해 학회와의 인연을 언급하고자 한다.

한국민족운동사학회의 변화와 발전

한국민족운동사학회는 1984년 한국민족운동사를 과학적인 방법으로 연구하고 갈래를 잡음으로써 겨레의 역사인식을 올바르게 하고 겨레의 발전에 이바지함을 목적으로 조직되었다. 아울러 이 목적을 실행하기 위하여 월례연구발표회, 학회지 『한국민족운동사연구』 발간, 연구총서 및 관련도서 간행, 국내외 민족운동관련 사적지 답사 등을 추진하고 있다.

연혁을 간단히 살펴보면 다음과 같다.

1984년 10월 9일
> 신촌 석란에서 '한국독립운동사연구회' 창립총회를 개최하여 손보기 교수(연세대)를 회장으로 선임하고 회칙 제정
> 발기인: 박성수, 박영석, 박현서, 손보기, 신용하, 윤병석, 이연복, 이현희, 정하명, 조동걸, 추헌수

1986년 7월 11일

　종로 세종문화회관 세종홀에서 평의원회를 개최하기로 하고, 학회지 제호를 『한국민족운동사연구』로 정함.

1986년 8월

　『한국민족운동사연구』 첫 호 발행

1987년 9월 19일

　'한국독립운동사연구회'에서 '한국민족운동사연구회'로 개칭

2000년 4월 15일

　학회 명칭을 '한국민족운동사연구회'에서 '한국민족운동사학회'로 개칭

2002년

　『한국민족운동사연구』의 발행횟수를 연 4회로 늘림.

2005년

　『한국민족운동사연구』 KCI 등재학술지 선정

위의 연혁에서 보는 바와 같이, 한국민족운동사학회는 한국독립운동사연구회에서 한국민족운동사연구회를 거쳐 오늘날 한국민족운동사학회로 변화 발전하여 왔다. 한때 학회의 어려움도 있었지만 그것이 오히려 발전의 밑거름이 되어 오늘날 100호 이상을 맞이할 정도로 발전되어 개인적으로는 큰 기쁨이 아닐 수 없다.

역대 회장을 보면 다음과 같다.

제1대 : 손보기(1984~1985) / 제2대 : 손보기(1986~1987) / 제3대 : 윤병석(1987~1988), 제4대 : 윤병석(1989~1990) / 제5대 : 김창수(1991~1992) / 제

6대 : 조항래(1993~1994) / 제7대 : 이현희(1995~1996) / 제8대 : 유준기(1997~1998) / 제9대 : 박영석(1999~2000) / 제10대 : 서굉일(2001~2002) / 제11대 : 유영렬(2003~2004) / 제12대 : 박 환(2005~2006), 제13대 : 박 환(2007~2008), 제14대 : 박 환(2009~2010) / 제15대 : 김형목(2011~2012) / 제16대 : 황민호(2013~2014) / 제17대 : 조규태(2015~2016), 제18대 : 조규태(2017~2018), 제19대: 조규태(2019–2020) / 제20대: 황민호(2021–2022) / 제21대 강혜경(2023–현재)

위의 회장단 명단에서 보는 바와 같이 11대까지는 원로교수들이 회장을 담당하였다. 이는 다시 3시기로 세분할 수 있을 것 같다. 1기 손보기·윤병석 교수 시대(창립기), 김창수·조항래·이현희 교수시대(전통기), 유준기·박영석·서굉일·유영렬 교수 시대(새로운 발전 모색기대)가 그것이다. 학회는 제12대 박환 교수가 3회에 걸쳐 회장을 맡으면서 새로운 모색을 시도하며 현재에 이르고 있다. 특히 이현희 교수는 학회의 재정자립을 위해 큰 도움을 주셨으며, 유준기 교수는 학회의 재기를 위해 크게 헌신하였다.

한국민족운동사학회의 학술활동 중 2000년 이후의 주된 내용을 보면 다음과 같다

2000.9.29. 광복 55주년 기념 학술회의(프레스센터)

2001.10.17. 안중근 의거 92주년 기념 국제학술회의(블라디보스토크 극동대학교)

2002.4.29. 윤봉길, 이봉창의거 70주년 기념 국제학술회의(상해시 동호빈관)

2003·10.16. 하와이 한인이주 100주년 기념 국제학술회의(하와이대학교 한 국학센터)

2004.10.17. 안중근의거 92주년기념 한러국제학술회의(블라디보스토크)

2005.10.20. 광복 60주년기념학술대회-연대와 공존의 새로운 한일관계의 정 립을 위한 과거사 다시읽기(프레스센터)

2007.07.19. 대련, 여순지역과 한인민족운동가(대련대학)

2008.06.03. 6.3민주화운동의 역사적 조명(프레스센터)

2009.04.09. 대한민국 임시정부 수립 90주년 기념 학술회의(프레스센터)

2012.11.24. 한중수교 20주년기념학술회의 - 중국지역에서의 항일독립운동 (대우재단빌딩)

2013.3.22. 상해 육삼정의거 80주년 기념 학술회의(숭실대학교)

2013·10.26. 2013 전국역사학대회-일제하 민족운동과 민족종교(부산대학교)

2014.11.01. 전국역사학대회 민족운동사부 발표회

2015.07.21. 광복 70주년 기념 학술대회-한국독립운동의 제양상(프레스센터)

2015.09.18. 항일 독립전쟁의 새로운 접근(전쟁기념관)

2015.10.23. 광복 70주년 기념 국제학술대회-중국 동북지역에서의 한·중 항 일투쟁(하얼빈 조선민족예술관)

2016.10.15. 한국독립운동과 종교 학술대회(대우재단빌딩)

2016.10.29. 전국역사학대회 한국민족운동사부 학술회의(서울여자대학교)

위에서 보는 바와 같이, 한국민족운동사학회는 월례발표회를 기초로 국내의 전국역사학대회 참여는 물론 미국, 중국, 러시아 등 주요 국가에서 다양한 학술활동을 적극적으로 전개해 오고 있다. 아울러 시대정신에도 충실하여 국정교과서 폐지 등 다양한 민주화운동 서명

에도 참여하고 있다. 최근에는 인도주의활동에도 관심을 기울여 대한
적십자사와 공동학술회의를 여러차례 진행해 오고 있다.

『한국민족운동사연구』의 연구사적 의의와 발전방안

『한국민족운동사연구』의 궤적

『한국민족운동사연구』는 1986년 8월에 창간호를 간행한 이후 1년에 1회, 2회, 4회 간행(2002년) 등 지속적인 발전을 거듭해오고 있다. 학회의 이름이 민족운동사학회임을 감안하여 한국근현대 민족운동을 중심으로 수많은 논문을 중심으로, 자료 소개, 서평, 답사기 등을 1986년부터 2019년까지 간행하여 100호에 이르는 경사를 맞이하게 되었다. 수많은 재정적인 어려움과 논문 모음, 교정 등을 위하여 회장단 및 편집위원장 등 편집위원들 그리고 회원들의 노고가 컸다. 특히 최근 10여 년간은 황민호 교수, 조규태 교수, 성주현 교수 등의 열정적이고 희생적인 노고가 있었다. 초창기 지식산업사를 거쳐 수많은 세월동안 국학자료원 정찬용 사장은 한국민족운동사연구 간행에 큰 기여를 하여주었다. 이 자리를 빌려 깊은 감사를 드린다.

『한국민족운동사연구』는 1980년대 초창기에는 동학과 의병부터 독립군, 광복군 등 독립운동사에 관한 논문들이 그 중심을 이루었다. 아울러 학회를 대표할 만한 좋은 글들이 다수 실리는 성과를 이루었다. 창간호(1986)와 제2호(1988)의 목차를 보면 다음과 같다.

<창간호>
손보기, 회지를 펴는 글
조동걸, 義兵運動의 韓國民族主義上의 位置(上)
신용하, 洪範圖 義兵部隊의 抗日武裝鬪爭
박영석, 大韓光復會硏究 – 朴尙鎭祭文을 中心으로 –
송우혜, 北間島「大韓國民會」의 組織形態에 관한 硏究
김희곤, 新韓靑年黨의 結成과 活動
유병용, 安在鴻 政治思想에 관한 再檢討

그러나 초창기의 이러한 발전은 로 오래가지 못하였고, 한국민족운동사학회는 1990년대 침체의 기로에 들어서게 되어 논문의 질과 양에 있어서 일정한 한계를 보이게 되었다. 1990년 초기에는 구소련 등 사회주의권이 몰락하면서 학계에서는 실천적 역사학과 과학적 역사학이 일정한 한계를 보이며, 새로운 경향의 논문들이 양산되기 시작하는 상황이었다. 한국민족운동사학회는 이러한 시대적 상황에 적극적으로 대처하지 못하고 학계 구성원의 대중적 지지를 잃어가고 있었다. 학회지 14집(1994)에 실린 좌담회의 기록은 당시 학회의 어려움을 단적으로 보여주고 있다(「한국민족운동사연구회의 회고와 전망」좌담회, 조항래, 손보기, 김창수, 이현희, 박용옥, 이연복, 유준기, 윤종일, 『한국민족운동사연구』10. 1994, 269-289쪽).

1997년 유준기 회장 시대를 맞이하여 학회는 젊은 세대들을 적극적으로 영입하고 학회지의 간행도 새롭게 변모하는 모습을 맞이하게 되었다. 단적으로 학회지 15집부터는 보다 적극적인 모습을 보여주고 있다. 대한제국말기 『공립신보』, 『신한민보』의 민권논조 연구(김숙자), 한말 의병운동의 근왕적 성격-밀지를 중심으로-(오영섭), 한국 최초 근대 대학의 설립과 민족적 성격(유영렬), 대한제국말기 국시유세단에 대한 일고찰(한명근), 대한광복회연구-이념과 투쟁방략을 중심으로-(박영석), 마산·창원지역의 3·1운동 성격(남부희), 일제하 강원도 삼척지역의 혁명적 노농운동(조성운) 등이 15집에 실린 논문들이다.

필자의 경우도 15집부터 100호까지 음으로 양으로 참여하였다. 특히 1997년부터 2010년까지는 적극적으로 편집에 참여하여 보다 좋은 학회지를 만들기 위해 황민호, 조규태, 성주현 교수 등과 함께 열정을 바친 시기라고 할 수 있다.

2002년부터는 학회지를 연 4회 간행하기 시작하였고, 2005년에 『한국민족운동사연구』는 KCI 등재학술지로 선정되어 발전의 기반을 확실히 구축하였다. 그 후 오늘에 이르기까지 김형목, 황민호, 조규태, 강혜경 회장단의 노력으로 학회지를 그 질적 변화와 발전을 추구해 오고 있다.

발전 방안

『한국민족운동사연구』는 독립기념관, 한국근현대학회 등과 함께 한국독립운동사연구를 대표하는 학회지로서 그 역사적 위상을 갖추고 있다. 특히 『한국민족운동사연구』는 처음으로 100호지를 간행한 학회지로서 그 역사성과 전통을 자랑하고 있다. 그러나 질적인 측면에서 볼 때, 자성할 부분도 많이 있다고 생각한다. 한국민족운동사연구가 보다 발전하기 위해서는 앞으로 보다 많은 고통과 인내, 절제와 엄격함으로 학회, 나아가 학계의 발전을 위해 노력해야 할 것이다.

우선 학회는 초심으로 돌아가 21세기의 시대상황에 맞는 시대정신의 구현, 즉 새로운 역사학을 창출해야 할 것이다. 새로운 역사학은 4차혁명시대를 맞이하여 빅데이터를 바탕으로 보다 거시적이고 체계적이며, 타 학문과의 융합을 통하여 학문적이면서도 현실적이고 실용적인 역사학으로 거듭날 필요가 있다고 생각된다. 연구자 및 연구비는 줄어들고, 학문을 추구할 수 있는 사학과의 존재도 점차 대학에서 문을 닫는 절대절명의 위기가 현재가 아닌가 한다. 이러한 시대적 상황 속에서 우리 민족운동사학회도 학회지도 새로운 변화를 추구해야 할 것이다. 역사소비시대를 오히려 우리의 새로운 탈출구로 적극적으로 활용할 필요가 있다고 생각한다. 앞으로 한국민족운동사연구의 나아갈 방향에 대한 진지한 논의가 보다 적극적으로 논의되어야 할 것이다.

『한국민족운동사연구』는 보다 다양한 주제를 중심으로 연구를 진행해야 할 것으로 보인다. 그동안 민족운동이란 주제를 중심으로 특히 시대적으로는 1910년부터 1945년까지에 집중해 온게 사실이다. 앞으로는 개항이후부터 현재에 이르기까지의 다양한 주제를 다룰 필요가 있다고 생각된다. 즉 민족운동만을 중심으로 할 것이 아니라 민족운동을 가능하게 한 그 주변의 보다 다양한 주제들로 그 영역을 확대해야 할 것이다. 좀더 그 영역을 확대한다면, 한국근현대사 전반을 다루는 학회로 변화 발전할 필요가 있다. 이와 더불어 학회명의 변경 또한 신중한 검토가 요청된다. 그러나 지금까지의 고유브랜드를 감안하여, 이름은 그대로 두더라도 내용적인 측면에서의 질적변화는 우리의 가장 중차대한 과제가 될 것이다.

학회의 활동 영역을 학문외의 부분으로도 보다 확대할 필요가 있다. 현재는 역사소비시대이다. 학자만의 학회가 아닌 것이다. 가짜 역사학자들이 대중과 보다 가까이 호흡하고 있는 것은 우리 역사학자들의 책임이기도 하다. 상아탑에 안주하는 것만이 학자의 자세인 시대는 이제 지나갔음은 주지의 사실이다. 앞으로는 연구를 토대로 연구의 대중화에 보다 적극적인 관심을 기울일 필요가 있다. 한국민족운동사학회 역사연구교실들을 만들어 대중과의 만남을 보다 적극적으로 전개할 필요가 있다. 우리 학회의 장점을 최대한 살려 동학특집, 만주독립운동 특집 등 보다 다양한 주제를 통하여 역사교실, 역사콘서트, 답사 등을 추구해야 할 것이다. 아울러 시나 군 등 지방자치체 및 학교, 도서관, 박물관 등과의 연계로 필요하다고 생각한다.

고려학술문화재단

고려학술문화재단은 러시아 연해주에서 발해사 연구와 권업신문 주필로 활동한 산운 장도빈을 추모하기 위하여 그의 아들 전 고합의 회장이던 장치혁이 설립한 재단이다. 이 재단의 후원으로 러시아 연해주 및 중앙아시아 지역을 답사하고, 자료들을 수집할 수 기회들이 제공되었다. 2017년 11월 13일부터 고려학술문화재단 이사장직을 맡고 있다.

1990년대 전반기 재단의 후원으로 러시아 연해주 지역을 전체적으로 답사할 수 있는 기회가 있었다. 특별히 떠오르는 것은 두만강 하산까지 헬기를 타고 이동했던 기억들, 라조, 달레네첸스크 등 연해주 오지까지 일일이 답사했던 것들이다. 당시 고합그룹의 블라디보스토크 지사가 있었기 때문에 가능한 것이었다. 지사장이었던 유영대, 통역 조경재, 그리고 양대령 등 여러분의 도움 덕분에 가능한 일이었다 또한 독립운동가 김 아파니사의 아들 김뗄미르, 그리고 한 세르게이 교수 등의 안내 및 동행이 큰 도움이 되었다. 오지에는 호텔과 식당들이 없어 러시아 현지 휴양소에서 숙박하는 한편, 밥을 해먹으며 다닌 기억도 새롭다. 특히 당시 답사는 부친 박영석교수와도 함께 한 것이라 더욱 의미가 큰 것이었다. 이 때 많은 사진과 영상을 남겼고 이를 토대로 『항일유적과 함께 하는 러시아기행』(1.2)(국학자료원, 2002)을 간행하기도 하였다.

1995년에는 역사 재단의 후원으로 카자흐스탄, 우즈베키스탄, 키르키즈스탄 등지를 답사하는 한편 후손들과의 면담, 자료수집 등을 진행할 수 있었다. 아울러 1996년에는 모스크바, 상트피터스부르크 등지를 다닐 수 있는 기회를 갖었다. 그때 최재형의 딸 최올가, 홍범도일기를 쓴 김세일을 만나볼 수 있던 것은 큰 행운이었다. 전자로부터는 최재형 가족 사진을, 김세일으로부터는 여러 원고들 사본을 얻을 수 있었다. 홍범도관련 자료는 귀국하여 독립기념관에 유관자료들을 기증하였다. 아울러 노보제비치 수도원에 안장된 김규면의 묘소를 답사할수 있는 행운을 얻기도 하였다. 또한 사위 김 니꼴라이와도 면담한 기억이 새롭다. 그뒤 모스크바를 방문하여 김규면의 손녀를 만나보기도 하였다.

　　통역 및 안내를 맡아준 문와짐 그리고 많은 가르침을 준 박보리스 교수와 박벨라 박사 부녀께도 깊은 감사를 드리고 싶다. 당시의 조사 여행을 토대로 『재소한인민족운동사』(국학자료원, 1998)와 『사진으로 보는 중앙아시아 고려인의 삶과 기억의 공간』(민속원, 2018) 등을 간행할 수 있었다.

국가보훈부

국가보훈부와의 첫 인연은 모스크바 인근 셀프호프시에 매장되어 있는 김공집의 묘소를 확인하기 위하여 처음 국가보훈부분들과 출장을 가게 된 것, 1992년 12월 18일부터 동월 27일까지 이선우 서기관과 현동준, 정하철, 김정복 사무관 등과 함께 러시아공화국을 다녀올 기회를 가졌다.

김공집 선생의 유해봉환문제, 독립운동 유적지탐방과 자료 수집 등이 그 주요한 과제였다. 김공집은 모스크바에서 남쪽으로 99km 떨어진 셀프호프시 트롤트스키 사원에 있는 동포전사의 묘지에 수많은 러시아인 혁명투사들과 공동으로 매장되어 있었다. 묘비에는 김세잔이라고 러시아어로 되어 있으나 그의 한국 이름은 김공집이었다. 특히 다수의 독립운동가들이 육군이었다면 그는 공군, 그 중에서도 비행사였으므로 독립운동사에서 공군이 차지하는 위치를 파악해 볼 수 있다는 점에서 더욱 주목된다.

이때의 친분을 계기로 자료관리과(현재 공훈심사과)의 일에 참여하면서, 공훈심사, 자료발굴, 답사. 후손확인위원회 등 다양한 일들에 관여하였었다.

독립운동가 후손들과의 만남

특별히 기억나는 것은 1995년 광복 50주년 행사의 일환으로 해외 독립운동가후손들을 다수 맞나보는 행운을 가진 것이었다. 러시아의 최재형의 딸, 최 엘레자벳다, 손자 최 왈렌진, 이위종의 손녀인 모스크바의 에비모바 류드밀라, 허위의 손자인 허웅배, 이동휘의 손녀인 이 류드밀라, 미주에서 냅코 작전에 참여했던 박기벽 등 수많은 분들과 만나 서울과 경기도 민속촌, 경주 등지를 답사하며 다양한 이야기들을 나눌 수 있었다. 그 후에도 국가보훈부와 광복회의 초청행사에 참여하여 김경천 장군과 김규면 장군의 후손들 등 많은 분들을 만나볼 수 있었다.

만주지역 답사

만주지역에 대한 첫 답사는 1991년 7월 전 육군사관학교 생도대장 장준익 장군, 한신대 서굉일 교수, 김약연 목사의 후손인 김재홍 등과 함께 이루어졌다. 홍콩을 통하여 북경, 심양, 연길, 용정, 백두산 등지를 다닌 그 답사의 감동은 이루말할 수 없었다. 특히 북한군의 형성을 연구하는 장준익 장군 덕분에, 조선의용군 출신들을 다수 면담할수 있는 기회를 가졌다. 북경에서 문정일, 심양에서 김강, 연길에서 김학철, 주홍성 등을 만났다. 김학철과의 만남은 나에게는 큰 행운이었다. 그뒤『최후의 분대장』등 김학철의 작품들을 국내에서 다수 접할 수 있었다. 특히 백두산의 첫 등정, 연변의 박창욱, 최홍빈, 그리고 젊은 학자들인 김춘선, 김태국과도 첫 만남이 있었다. 그러나 이 답사는 북경과 연변지역에 제한된 것이었다.

만주지역에 대한 체계적인 본격적인 답사는 2000년 국가보훈부의 후원에 의해 이루어졌다. 유병호 연변대교수, 황민호, 조규태 교수, 그리고 국가보훈부 보훈신문사의 노경래기자가 함께 한 이 답사는 나의 인생에 있어서 가장 소중한 기회를 가져다 준 것이었다. 요녕성 길림성 흑룡강성 등지를 거의 한달 동안 다니며, 독립운동 사적지 대부분을 답사하는 셀레임과 흥분으로 가득찬 것이었기 때문이다. 지금도 만주지역 지리에 익숙한 것은 당시 답사 덕분이다. 결과물로 『만주지역 항일유적답사기』(국학자료원, 2001)를 간행하였다. 이 책은 크게 세 부분으로 나눠 1편에서는 요녕성, 길림성, 흑룡강성 등 만주전역에 흩어져 있는 항일독립운동 사적지를 조사한 내용을 수록하고 2편에서는 만주지역 항일독립운동 기지를 처음으로 개척한 우당 이회영의 사적을 집중적으로 추적 조사했다. 3편에서는 만주지역 및 중국관내지역을 답사한 기행문을 수록했다.

시베리아 횡단

2002년 7월 14일부터 8월 1일까지 17박 18일 동안 약 300명으로 구성된 한국 사절단이 블라디보스토크에서 상트 페테르부르그까지 약 1만 킬로미터의 유라시아 대륙을 기차로 주파하고 돌아왔다. 외교부 주최 행사인데, 국가보훈부의 후원으로 이 행사에 참여하여 동행자들에게 각 지역마다의 독립운동에 대한 해설을 담당하였던 것이다. 열차 식당칸에서의 특강은 더욱 기억에 남는다.

나의 참여는 국가보훈부 차장 김종성의 추천에 의해 이루어졌다. 그 고마움을 지금도 잊을 수 없다. 현재의 시베리아에 대한 지리적 감각을 그 때 만들어졌다. 아울러 룸메이트로 여행을 함께 한 고려대학교의 허승철 교수와는 여행의 결과물로 『시베리아의 여명을 뚫고』(지식마당, 2003)라는 저서를 같이 엮기도 하였다.

자료집들의 해제

       국가보훈부와의 인연으로 독립운동관련 자료들의 해제를 하는 즐거움이 있었다. 『독립군의 수기』, 『정이형』, 『러시아극동 및 북만주지역 배일선인유력자병부』, 『만주지역 본방인재류금지관계잡건』 등이 떠오른다. 이들 자료들을 토대로 정이형의 경우 단행본 『잊혀진 혁명가 정이형』(국학자료원, 2013)을 간행하기도 하였다. 아울러 태극단 김상길, 광복군 이영수와의 면담 또한 이루어질 수 있었다.

재외동포청

재외동포청의 후원하에 카자흐스탄, 우즈베키스탄, 러시아 등지에 4차례에 걸쳐 한글교사연수를 다녀왔다. 이는 중앙아시아 고려인이해에 큰 도움이 되었음을 말로다 표현할 수 없을 것이다. 당시의 감동을 답사기를 통해 함께 나누고 싶다. 이 기회를 통해 김봉섭을 비롯한 재외동포청의 여러분께 진심으로 감사드리며, 현지 한국교육원관계자 및 고려인분들께도 고마운 마음을 전하고자 한다. 특히 2023년 재외동포청 설치는 큰 기쁨이다.

타슈켄트에서의 호젓한 6일

2016년 6월 12일(일)

오후 4시 50분 아시아나 OZ593편으로 우즈베크의 수도 타슈켄트로 향하였다. 재외동포재단의 후원으로 타슈켄트에 있는 한국교육원(한글학교 교사 현지연수)에서 한국역사를 강의하기 위해서였다. 도착시간은 현지 시간으로 오후 8시 20분, 한국에서 7시간 30분 정도 소요되는 장거리였다.

타슈켄트 방문은 이번이 처음은 아니다. 1995년 7월 국사편찬위원회 이상일 선생과 함께 고려학술문화재단(이사장 장치혁)의 후원으로 고려인 독립운동가 후손 면담 및 자료 수집을 위해 다녀온 적이 있었다. 답사지역은 타슈켄트와 더불어 사마르칸트, 부하라 등지였다.

2007년에는 한국학중앙연구원 한국학진흥사업단의 일원으로 타슈켄트와 사마르칸트를 방문했었다. 그러고 보니, 1995년, 2007년, 2016년 등 이웃 우즈베키스탄 타슈켄트는 10년 간격으로 방문하는 것이 된다. 그동안 어떻게 변했을까 궁금증이 생겼다. 사전 정보에 따르면 카자흐스탄의 경우는 2000년대 이후 유전의 발견으로 크게 발전하였다고 하는데, 우즈베키스탄의 경우는 큰 변화가 없다고 한다. 카자흐스탄의 연소득은 15,000달러, 우즈베키스탄은 2,000불이라고 한다.

저녁 8시 20분(현지시간) 우즈베키스탄 타슈켄트 공항에 도착하였다. 한국과 우즈베키스탄의 시차는 4시간이었다. 공항검색대에 가보니, 1990년대 러시아 방문 시 느꼈던 것처럼 무엇인가 어둡고, 답답한 느낌을 받았다. 30~40분 정도의 시간이 걸려 검색대를 통과하고 짐을 찾아 출국장으로 나왔다.

우즈베키스탄은 1990년대, 2000년대, 현재까지도 VISA발급을 받아야 하고, 세관신고서에 자기가 소지하고 있는 돈의 액수를 적어야 하는 등 다소 생소한 느낌을 주는 곳이다.

공항에는 타슈켄트 한국교육원 부원장 이도흠, 한글교육원 교사 한 베네라, 기사인 주볼로쟈 등이 휴일인데도 불구하고 마중을 나와 주었다. 공항에서 나오니 밤인데도 불구하고 열기가 높아 열대야를 방불케 하였다. 일주일의 체제기간이 간단치 않음을 예고하였다.

공항에서 차로 20-30분 정도 이동하여 Grand Mir Hotel(옛 이름 에타 러시아)에 도착하였다. 5층 러시아식 건물이었다. 215호에 투숙하였으며, 식당은 1층에 있었다. 한국과의 시차가 4시간이다 보니, 내일 일이 걱정되었다. 100분을 연강으로 해달라는 부탁이었다. 수강생들이 일찍 마치고, 집에 가서 점심을 먹고자 한다고 안내해 주었다. 5일치 교육원 점심식사비는 19달러라고 한다.

6월 13일(월)

한글교육원에서의 첫 강의

　시차에 적응이 되지 않아 일찍 일어나 이곳 시간 새벽 5시에 Hotel을 나와 주변을 산보하였다. Hotel 바로 뒤에는 〈가마솥〉이라는 한국 음식점이 있었고, 그 근처에 KDB은행 우즈베키스탄 지점과 〈압구정〉이라는 한국식당이 있었다. 도로는 넓고, 새벽이라 운동하는 사람들도 있었다. 주변을 이리 저리 두리번 거리며, 타슈켄트의 아침을 한가롭게 거닐며, 이국의 정취를 만끽해보고자 하였다.

　오전 7시 Grand Mir Hotel 1층에서 뷔페로 아침식사를 하였다. Hotel 방이 그리 좋은 편이 아니어서 식당도 그냥 대충 러시아형이 아닐까 생각했는데, 먹을 것도 풍성하고, 맛들이 있어서 기분이 한결 좋아졌다. 특히 아시아나 항공기 기장과 함께 식사를 하게 되어 비행에 대한 이런 저런 이야기들을 듣게 돼서 더욱 즐거운 아침 식사를 하게 되었다. 타슈켄트의 맛있는 빵, 체리, 야쿠르트, 종업원들의 친절 등이 더욱 매력적이었다.

　아침 식사 후 8시 15분경 기사인 주불로쟈가 와서 미라바드구역 탈리마르존 거리 3번지에 위치해 있는 주우즈베키스탄 대한민국 대사관 부속 타슈켄트 한국교육원으로 향하였다. Hotel에서 한국교육원까지는 15분 정도 소요되었다.

　9시에 교육원 원장인 김범수, 부원장 이순흠선생 등을 만났다. 두 분다 교육부 관리들이며, 김범수 원장은 3년째이고, 이순흠부원장〈교육부 사무관〉은 2016년 1월에 부임하였다고 한다. 도서관에 나의 저서인 『사진으로 보는 러시아지역 한인의 삶과 기억』(민속원, 2013), 『민족의 영웅 시대의 빛 안중근』(선인, 2013) 등의 책자를 기증하였다.

9시에 교육원에서 2016 우즈베키스탄 한글교사 여름 연수회가 시작되었다. 태극기와 우즈베키스탄의 국기에 대한 경례와 양국 국가가 연주되었다. 우즈베키스탄 국가는 처음 들어보는 것이라 신기하기도 하고, 만감이 교차되는 분위기였다.

9시 40분부터 11시 40분까지 <사진으로 보는 러시아 한인의 삶과 기억>이라는 주제로 강의를 하였다. 한국에서 오기 전에 수업을 어떻게 진행할 것인가에 대하여 많은 고민을 하게 되었다. 어느 정도 나의 한국어를 이해할 수 있을 것인가에 대하여도 막연히 두려움이 있었다. 교무를 담당하는 한 베레라 선생은 모두 잘 알아듣는다고 하였다. 몇 번 재차 물어보아도 그렇다고 한다. 아침에 만난 김 원장님께 재차 물어보니 일상적인 한국어는 잘하나, 한국역사, 특히 용어에 대하여 잘 모른다고 알려주었다. 따라서 용어 등은 별도로 설명해 줄 필요가 있다고 판단하였다.

개회사에서 김범수원장은 선생님들이 수업에서 들은 내용들을 학교에 가서 잘 전달 해주었으면 좋겠다. 특히 한국의 역사를 많이 어린 학생들에게 가르쳐 주었으면 한다는 당부의 말씀을 하였다. 한글학교 선생님들의 일부는 강의를 진지하게 들었다. 그러나 일부 선생님들은 나의 강의 내용을 잘 이해하지 못하는 것 같아 재차 설명하였다.

강의를 마친 후 200달러를 우즈베키스탄 돈인 숨으로 환전하였다. 은행에서 하는 것보다 개인 달러 상에게 환전하면 더욱 좋은 가격으로 환전할 수 있다고 한다. 우선 돈의 부피에 크게 놀라지 않을 수 없었다. 1,000숨, 5,000숨 등의 화폐였다. 한국식당에서 식사 한 끼가 5만 숨(김치찌개 35,000숨), 길가 카페에서 코카콜라 1병이 3천 숨, 시장에서 체리가 6천 숨, 버스가 1,500숨 등이었다. 식사 한 끼의 경우 1,000숨 짜리 50장을 내야하니 참으로 황당하지 않을 수 없다. 항상 돈 보따리를 가지고 다녀야 되는 웃지 못 할 상황이었다.

노동영웅 김병화 콜호즈

교육원 4층 식당에서 교육원 식구들과 함께 점심식사를 하고, 장 에밀리아(1940년생) 선생님, 그리고 호레즘 우르겐치 이 스텔라 선생님과 함께 김병화콜호즈에 있는 김병화박물관으로 향하였다. 한글학교에서 출발하여 30~40분 만에 김병화박물관에 도착하였다. 이곳 마당에 김병화의 흉상이 서있었다. 그리고 박물관은 1층으로 되어 있었다.

김병화의 대형 초상화와 그가 집무했던 책상, 그리고 입었던 양복, 콜호즈에서의 생활과 활동 등이 다양하게 전시되어 있었다. 수많은 사진들 속에 고려인들의 삶의 자취, 기쁨과 슬픔의 모든 것들이 녹아내려 있는 듯이 보였다. 김병화의 대형 초상화 좌우에는 "이 땅에서 나는 새로운 조국을 찾았다."라는 글귀가 적혀 있었는데, 일면 김병화의 고뇌와 고충을 읽어 볼 수 있었다.

전시실에서는 1939년 이주 초기의 한인들의 삶을 살펴볼 수 있는 초가집도 있었다. 그리고 콜호즈 입구사진, 콜호즈 농장에서 일하는 고려인들의 모습, 주민들의 휴식문화 생활, 교육, 김병화와 함께 하던 동료들의 사진들도 다수 있어 고려인 역사 전체를 바라볼 수 있는 귀한 자료들 이었다.

김병화콜호즈 관장 장 에밀리아 선생님과의 면담

장소: 한글교육원

거주지: 김병화 콜호즈

- 1940년 8월 12일생 용띠임. 타슈켄트주 욱다치치크(중 치치크) 김병화집 단농장에서 출생

- 할아버지, 할머니 같이 살았음.

- 전라북도 남원 출생임. 太씨임. • 남편 성을 따라 장씨로 함, 본래 는 남원 태씨.

- 할아버지가 중국으로 나갔다가 연해주로 들어옴.

- 중국 출생인 아버지K태정, 1905년생)가 9살 때인 1912년 중국에서 러시 아 연해주 스파스크에 들어가서, 러시아 사람들에게 땅을 빌려서 높은 산에서 감저(감자) 생산했음.

- 스파스크에 있다가 1937년에 우즈베키스탄 타슈켄트 쪽, 현재 사는 곳으로 이주해 왔음. 첫 기차로 와서 김병화집단농장에 정착하였는 데, 김병화농장은 〈아방가르드〉 옆에 있었음. 할아버지, 할머니, 아버 지, 어머니 K김안나, 1914년생) 모두 김병화콜호즈에서 돌아가셨음.

쿠일룩 시장

김병화 콜호즈에서 돌아오는 길에 고려인들이 많이 거주했고, 지금도 거주하고 있으며, 시장에서 장사하는 모습을 찾아볼 수 있는 쿠일룩 시장을 방문하였다. 대형시장으로 과일, 김치, 쌀, 고기 등 다양한 물건들을 판매하고 있었다. 고려 사람들의 장사하는 모습은 띄엄띄엄 살펴볼 수 있으며, 1995년에 방문했을 때 보다는 고려인들의 모습은 많이 찾아 볼 수 없었다. 시장에서는 이 지역 사람들이 주로 많이 먹는 빵, 그리고 체리, 복숭아 등의 모습을 많이 진열되어 있었다. 동행해 주신 호레즘에서 온 이 스텔라 선생님은 호레즘 쌀을 보여주면서 쌀의 질이 아주 좋다고 자랑하신다. 호레즘은 타슈켄트보다 더운 곳으로 과거 대한민국임시정부 국무총리를 역임했던 이동휘 선생의 아들 이영일 등이 살았던 곳이라 더욱 마음에 다가왔다.

쿠일룩 시장에서 체리를 사서(6000숨, 4000숨 두 종류) 호텔에서 맛있게 먹었다. 노란수박이 맛있던 것도 기억해 사고 싶었으나, 아직 제철이 아니란다. 지금 시장에서 파는 것들은 약을 쳐서 재배한 것이므로, 8월에 가야 제철수박을 맛있게 먹을 수 있다고 한다. 쿠일룩 시장에서 일반 소형 버스를 타고 Hotel에 도착하였다. 혹시 길을 잊을까 걱정해 주시는 중년의 고려인 여선생의 따뜻한 마음이 그저 감사할 뿐이다.

낯선 곳에서의 호젓한 산책

오후에 잠깐 쉬고, 주변 산책에 나섰다. Hotel주변에 한국인들도 장사를 하는 시장이 있다고 들어서였다. 타슈켄트의 오후는 땀이 비오는듯 너무나 더운 날씨였다. 가게들은 나무그늘 아래 이슬비를 뿌려 손님들을 유혹하고 있었다. 내일은 그곳에 가서 차와 빵을 사 먹으며 멋진 오후를 보내야겠다고 결심하여 본다.

Hotel에서 30분 정도 걸으니 중간 정도 규모의 시장이 나왔다. 새로이 시장을 멋지게 리모델링하고 있었다. 시장 중심 건물들은 새로이 설비를 갖추고 있었고, 바깥 야외에서는 잡상인들이 장사를 하는 상황이었다. 시장 주변에는 한국산 물품을 파는 멋진 상점들과 고급 한국음식 점들도 있었다.

다시 Hotel로 돌아오면서, 3,000숨을 주고 시원한 코카콜라 한 병을 사서 마시며 낯선 타슈켄트에서의 더위를 달래어 보았다. 손님도 별로 없는 한적한 카페였다. 손님들도 시원한 맥주보다는 주로 콜라를 마시고 있어 신기해 보이기도 하였다. Hotel근처 〈가마솥〉이라는 한국식당에서 35,000숨을 주고 김치찌개를 먹었다. 한국을 떠나와 이틀째 인데도 불구하고, 한국음식이 무척 맛있게 느껴졌다. 저녁 7시 〈한국시간 밤 11시〉 일찍 잠에 들었다.

6월 14일 (화)

아침 일찍 일어나, 어제 가보았던 시장 반대쪽으로 산보를 하였다. 조용한 고급지역임을 느낄 수 있는 분위기였다. Hotel로 다시 돌아와, 어제 가보았던 시장 쪽으로 발길을 돌렸다. 한국인들이 운영하는 대장금(술집?), 국수집, 치킨집, Korea food market 등이 있었다. 상점들에는 〈떡 판매합니다.〉, 〈콩국수, 열무국수, 비빔국수〉, 〈냉국수〉 등의 간판이 반가이 나그네의 발길을 맞아주었다.

10시에 Hotel을 출발하여 10시 30분부터 12시 10분까지 한국지리, 독도 등에 대하여 강의하였다. 질문으로 고려인의 정체성 문제, 우리민족을 어떻게 표현해야 할 것 인가, 우리는 어떤 민족인가? 등에 대한 것들이 있었다. 정체성 문제 등이 중앙아시아 고려인들에게 있어서 현안문제임을 새삼 느낄 수 있는 좋은 기회였다. 강의를 수강하고 있는 70대 노인 지식인 박 바실리교수로부터 자신의 논문 〈고려인들의 삶과 한국어 — 타슈켄트 니자미 사범대학〉을 받았다. 아울러 최고연장자인 채덕진(1940년, 북한 함북 경원 출생)선생과도 이야기를 나누었다. 그는 강의 수강생 중 유일하게 한국이름을 갖고 있는 인물이었다. 북한 출신일 것으로 짐작되었고, 대화 속에서 함북 경원에서 출생하여 러시아에 유학왔다가 1958년 부모가 있는 타슈켄트로 망명하였다고 일러 주었다. 좀 더 자세한 이야기를 듣고 싶은 중앙아시아의 특별한 인물이라고 판단되었다.

점심식사 후 타슈켄트 한국교육원의 역사에 대하여 알고 싶어 김범수 원장께 자문을 받았다. 교사 김 나탈리아가 협조해주었다. 1층에 있는 자료실에 역대 원장들의 사진과 교육원의 활동 내용 그리고 사진들이 전시되어 있었다. 1대 안재식(1992. 5-1994. 9), 2대 정만섭(1994. 10 — 1999. 7), 3대 주태균(1999. 8 — 2001. 7), 4대 강태후(2001. 8 — 2003. 6), 5대 이진우(2003. 8 — 2009. 7), 6대 김정석(2007. 8 — 2010. 7), 7대 김영재(2010. 8 — 2011. 9대 김범수관장(현재) 등이었다. 정만섭, 김정석 관장 등은 예전에 타슈켄트 교육원을 방문하였을 때 만나 뵌 적이 있어 더욱 반가웠다.

타슈켄트 한국교육원은 1992년 5월에 개원하여 24년의 세월이 흘렀다. 이번에 수집한 사진들을 통하여 한국교육원의 초창기의 모습들을 주로 살펴볼 수 있었다. 사진을 통하여 초창기 원장을 담당했던 안재식 원장의 노고가 컸음을 짐작해 볼 수 있었다. 안재식 원장은 오래전 고인이 되었다고 한다. 자료들을 바라보며, 세계에서 가장 활발히 활동하고 있는 타슈켄트 한국교육원의 설립과정과 활동 등을 역사학적 관점에서 조명해 보고 싶다는 강한 의욕이 용솟음쳤다. 귀국하여 이 부분은 별도의 논문으로 작성해 보았다.

6월 15일 (수)

아침 일찍 타슈켄트역으로 향하였다. 역으로 가는 중간에 러시아정교사원이 있었다. 규모도 상당하였다. Hotel에서 걸어서 30분 정도 가니, 웅장한 규모의 타슈켄트 역이 나타났다. 경찰 등 엄중한 경계가 있는 듯이 보였다. 역으로 들어가는 전 입구에서 증명서 검사를 하고, 역 앞으로 들어가게 되어 있었다. 역에 대한 관리가 철저함을 살펴 볼 수 있었다.

한국교육어원에서 수업을 듣는 이 스텔라는 호레즘에서 기차를 타고 타슈켄트역에 도착하였다고 일러주었다. 아마도 1937년 원동(연해주)에서 강제이주 온 고려인들도 이 역에 내리지 않았을까 생각되었다. 그리고 지금 우즈베키스탄 경찰들이 철저히 경계하고 있듯이, 당시에도 소련 경찰들이 지키고 있었을 것이란 생각이 들었다.

타슈켄트역은 1939년 당시의 모습은 아닐 것이다. 그러나 이 기차역은 고려인들의 애환이 서린 역임에는 틀림이 없어 보였다. 한참 멍하니 역을 바라보았다. 그리고 이동하는 사람들의 모습을 물끄러미 바라보았다. 다음 주 수요일에는 사마르칸트로 가는 기차를 타슈켄트역에서 탈 예정이다. 사마르칸트로 실려 간 고려인들의 자취를 느껴 볼 수 있는 것이라 기대되었다.

타슈켄트역 부근에는 한국인들이 운영하는 병원, SPA, 식당 등 여러 가지 고급시설이 즐비하게 도열되어 있었다. 선전간판에도 롯데의 Coffee 선전이 보였다. Hotel로 돌아오는 길에 아침 장터에서 6,000숨 어치의 체리를 샀다. 통통하고 맛이 있었다.

오늘 강의는 한국의 역사적 인물들에 관한 것이었다. 단군, 주몽, 광개토대왕, 왕건, 이성계, 세종대왕, 정조 등에 대하여 강의하였다. 단군, 주몽, 세종대왕 등에 대하여는 알고 있었으나 다른 역사적 인물들에 대하여는 거의 모르고 있었다. 주몽·대장금의 경우는 이곳 TV에서도 방영하였다고 한다. 특별히 이들을 기억하는 이유를 물으니 역사극이라서 그렇다고 하였다. 우즈베키스탄 사람들이 역사극(사극)에 깊은 관심을 갖고 있음을 느낄 수 있었다.

단군의 경우 단군신화를 설명하니 상식적으로 이해할 수 없다는 표정이었다. 당시 역사서술 방법이 그렇다고 소개하였다. 이어서 주몽에 대하여도 강의한 후, 마지막 시간에는 만주 러시아에서 활동한 시베리아의 대표적인 항일명장 김경천 장군에 대하여 소개하고 비디오를 보여주었다. 김경천의 후손들이 자신들과 마찬가지로 고려인인 점, 후손들이 카자흐스탄에 살고 있다는 방송에 깊은 관심을 보였다. 그리고 열심히 시청하는 진지한 모습에 깊은 감동을 받았다.

수업을 마치고 원장님 이하 교사분들과 함께 점심식사를 하였다. 그리고 김 나탈리아 선생의 남편(한국인)이 운영하는 Korea Medical center에 가서 남편 정병호선생으로부터 고려인문화협회가 소장하고 있는 사진 150여장을 파일형태로 전달받았다. 교육원에 와서 살펴보니, 현재 고려인의 사진들과 과거 연해주에서의 사진 등이 다수 있었다. 그 중 우수리스크 사범전문대학 사진, 하바로브스크 소재 졸업사진 등은 처음 보는 것들이라 다소 흥분되었다. 사진들에는 대부분 설명이 붙어 있지 않아 안타까웠다. 특히 현재의 고려인들이 많아 누가 누군지 알 수 없었다. 내일은 고려인문화협회를 방문하여 사진들을 체크해 볼 예정이다.

사진을 본 후 강 블라디미르 선생님이 교육원에서 보관하고 있는 초창기 교육 서류들을 보여주었다. 1993년 한글학교 현황, 한국에서의 파견교사, 우즈베키스탄에서 한국으로 보낸 연수자 명단 등이었다. 그 중 1993년 한글학교 현황은 흥미로웠다. 그 가운데에는 북방의 등대(김병화 콜호즈), 뿔리토젤 19학교 등 평소 익숙한 이름들도 있어 더욱 신기했다. 이들 학교의 경우 예전에 방문하여 촬영한 바 있어 더욱 흥미로웠다. 아울러 타슈켄트에서 멀리 떨어진 곳에는 순복음교회 등 우리 기독교 교회에서 파견된 목사들이 설립한 한글학교들이 다수 있었다. 그러나 2000년대 이후 우즈베키스탄 정부의 반기독교정책으로 이들 기독교 계열 학교는 현재 모두 폐교되었다고 한다. 현재 우즈베키스탄에서 한국어를 공식적으로 채택하고 있는 학교는 30여개라고 한다. 그리고 교육원에서 이들을 관리하고 있다고 알려주었다. 나머지는 대사관, 고려인문화협회 등에서 운영하는 동아리형태의 학교들이라고 한다.

저녁에는 김범수교육원장이 타슈켄트에서 잘하는 전통 사슬림집에 초청하여 만찬을 베풀어 주었다. 이도흠 부원장 및 관계자들과 즐거운 시간을 보냈다.

6월 16일(목)

10시 30분부터 한국현대사강의를 시작하였다. 고려인들에게 강의를 한다는 것이 좀 부담스러운 주제였다. 통일지향의 역사학적 시각에서 1945년 해방 이후부터 현재까지를 가능한 대통령 중심으로 객관적으로 이야기하고자 하였다.

수업 전에 여자 노인 한분이 박 보리스 드리트리 교수에 대하여 질문하였다. 고 박보리스 교수의 사촌 여동생이라고 알려주었다. 김병화 콜호즈에서 박교수가 교장선생님도 오래 하였다고 한다. 김병화 콜호즈 관장인 장 아밀리아 선생도 박 보리스교수가 자신이 학창시절 교장선생님이라고 알려주었다. 생전에 잘 알고 지내던 박 보리스교수와 인연 있는 분들을 만나니 무척 반가웠다.

점심식사 후에는 교사협의회 회장으로 일하고 있는 박랴나 선생님(김병화 콜호즈 출신)의 안내로 타슈켄트에서 제일 큰 시장인 초르수 바자르를, 그리고 초기 코란이 전시되어 있는 하스트 이맘을 방문하였다.

54m 높이의 첨탑 2개가 눈길을 사로잡는다. 2007년 카리모프 대통령의 명령으로 건축된 신설 건축물이다. 뒤편에는 하스트 이맘 광장이 위치해있다. 모이에 무바레크 도서관 박물관에는 세계에서 가장 오래된 7세기 오스만 코란이 소장되어 있었다. 이 박물관은 타슈켄트의 가장 중요한 명소이며, 13세기의 희귀한 도서 30-40권이 보관되어 있다.

다음에는 초르수 바자르를 찾았다. 타슈켄트에서 가장 유명한 농수산시장이다. 여기에서 방석, 카페트와 조그마한 지갑, 그리고 도자기로 만든 자그마한 노인 인형을 구입하였다. 오후 4시 반 Hotel에 도착하였다.

6월 17일(금)

오전 9시부터 한국교육원에서 마지막 수업이 있었다. 강의는 원시공동체시대(先史)부터 조선시대까지 이어졌다. 마지막 시간이고 해서, 한국사를 전체적으로 개관하는 수업을 진행하였다. 열심히 수업에 응하는 선생님들의 모습에 깊은 감명을 받았다. 진심어린 감사의 말에 무엇이라 고마운 마음을 표해야 할지 몰랐다.

박 보리스 교수의 사촌여동생인 강 나타리아(74세?)가 말린 과일과 본인이 신문에 쓴 '어머니 조국'(1995년 가을)이란 글을 나에게 선물해 주었다. 그리고 학생 선생님들이 돈을 모아 우즈베키스탄 인형을 선물해 주었다. 아울러 박라냐선생님이 "한인들이 우즈벡에 거주한 지 75주년 기념책자 2권을 선물해주었다. 책자에는 현재 우즈베키스탄에 살고 있는 고려인 영웅들에 대하여 기록하고 있었다.

점심으로 다함께 시원한 국수를 먹었다. 이곳 분들은 '국시'라고 하는데 우리 국수에 많은 양념을 넣어 더욱 시원하고 맛있는 느낌이었다.

점심 식사 후 원장님 방에 가서 원장님, 부원장들과 함께 기념촬영을 하였다. 더운 열사의 나라 이국, 우즈베키스탄에서 교민과 고려인을 위하여 열심히 일하는 모습에 깊은 감명을 받았다. 임기는 3년으로 김범수 원장은 2017년 8월 귀국 예정이었다. 교육전문위원으로 장학관이었다. 이순흠 부원장은 일반교육 행정직 사무관으로 권위의식 없이 열심히 정성을 다하는 모습이 무척 보기 좋았다. 교육원 식구들도 모두 열심히 하고 친절한 분들이라 여간 고마운 것이 아니었다.

가족처럼 대해준 교육원 원장, 부원장, 한 베네라, 김 나탈리아, 강 블라지미르(남), 김 마리아, 정 따지아나(행정실장), 그리고 교사협의회 회장 박랴나, 기사인 주블로쟈 등 모두 고마웠다. 이국 땅에 있지만 건강하기를 기원한다.

2시에 김 블라지미르, 한 블라디슬라브 등을 만났다. 김 블라디미르(김용택)은 오랜 세월 동안 레닌기치 등의 기자로 활동한 분이다. 한 블라디슬라브는 독립운동가 한창걸의 후손이다. 먼저 김 블라디미르의 일생에 대하여 인터뷰를 하였다. 그 다음에는 한 블라디슬라브와 이야기를 나누었다. 좀더 러시아어를 공부하여 고려인들에게 한국사를 잘 알릴 수 있는 기회가 되었으면 하는 생각이 더욱 들었다.

1) 김용택(김 블라지미르, 1946년 생) 1946년 4월 북한감, 1948년 아버지

사망, 「김가네」(러시아판), 「멀리 떠나온 사람들」(한국어 책, 2013년도 발행)했음 12남매 중 막내, 큰 형이 1936년 우즈벡 타슈켄트에서 대학 다님, 1939년 중앙아시아로 왔을 때 큰 형을 따라 타슈켄트로 옴, 여기서 콜호즈 들어가지 않고 그 근처에서 아버지가 이발사를 함. 1948년 해방 이후 아버지가 큰 형을 따라 북한에 감, 큰 형 김용택은 평양에서 군대생활, 아버지는 고향인 함경도로 갔으나 1948년 그곳에서 사망, 1948년 북한으로 들어갈 때 아버지, 어머니 그리고 4남매가 들어감. 김 블라지미르는 태어난 지 몇 개월 지나지 않아 북한으로 감 6·25가 발발하자 하얼빈으로 이동하여 그곳에서 전쟁이 끝나는 1953년까지 삶, 다시 북한으로 들어간 뒤 1958년 소련파가 쫓겨올 때 다시 타슈켄트로 돌아옴, 그 뒤 알마티에서 레닌가치 기자 등을 하였음. 타슈켄트에서 사진을 가장 많이 가지고 있는 안 빅토르와 친구임. 김 블라지미르 자신도 사진자료를 많이 가지고 있음.

천산의 도시 알마티 풍경

2018년 6월 17일 일 맑음

오후 6시 아시아나 항공으로 카자흐스탄의 옛 수도 알마티로 향하였다. 재외동포재단에서 후원하는 〈2018년 카자흐스탄 한국어교사연수〉에서 한국사를 강의하기 위해서이다. 주최는 알마티 한국교육원, 카자흐스탄 한글학교협의회가 하였다. 2016년 우즈베키스탄 한국교육원에서 주최한 경우는 수강생 대부분이 고려인이었다. 2017년 모스크바 한글학교협의회에서는 한국에서 파견된 선교사들이 중심이었다. 이번 경우는 어떨까 내심 궁금하였다. 한국교육원은 교육부 산하기관이고, 재외동포재단은 외교부산하이다. 추진기관의 경우 점차 한글학교 연합회가 담당하는 것 같다.

비행기는 밤 9시 반〈현지 시간〉 알마티 국제공항에 도착하였다. 한국시간으로는 12시반이다. 3시간의 시차가 있었다. 알마티공항에는 월드컵 열기로 러시아로 이동하는 손님들이 많아 북적거렸다. 공항에서 오랜 기다림 끝에 11시가 지나서야 밖으로 나올수 있었다. 김양희 한글학교 연합회 회장과 기사 카자흐인 아르맥이 반갑게 맞아주었다. 숙소는 2년 전에 묵었던 중앙아시아의 상징적 존재인 천산 밑에 있는 로얄튜립호텔이었다. 시계는 12시가 넘어 있었다. 아침 식사는 6시 30분부터란다. 새벽에 일찍 일어나야 한다는 부담 때문에 다소 긴장된 밤이었다.

6월 18일 월 맑음

6시 30분 식당으로 향하였다. 첫 손님이었다. 한적하고 조용한 식당에서 여유롭게 혼자 즐기는 식사는 내게 큰 즐거움이다. 카자흐 종업원과 인사하고, 카자흐 방송을 들으며, 천산을 바라보는 기쁨을 누리면서 알마티에서의 첫날은 그렇게 시작되었다.

아침식사 후 어제 밤에 만났던 기사 아르맥이 우리를 태우러 호텔로 왔다. 호텔에서 교육원까지는 30분정도 소요되었다. 한국어교육원은 아바이거리에 다소 큰 규모의 건물이었다. 1992년 1월 초대 신계철 원장이 재직하던 시절 방문하고 이번이 두 번째이다. 그러고 보니 26년만이다. 물론 그 당시 위치와 건물이 아니다. 카자흐스탄은 1995년, 2016년 방문한 적은 있으나 한국어교육원과는 오랜만의 만남이었다.

교육원에서 올봄에 새로이 부임한 남현우원장, 2년여 동안 근무한 교육부 파견 박종필 부원장 등과 만났다. 아울러 현지에 계신 한국어 담당 장원기선생, 크질오르다에서 온 한국어 파견교수 김이연 등과도 첫 인사를 나누었다. 김이연교수는 고등학교 동기인 고려대학교사학과 정태헌 교수의 딸과 고려대 교육학과 동기라고 해서 더욱 친밀감이 느껴졌다.

원장님으로부터 한국어 교육원의 현황에 대하여 듣고, 아울러 수업 등에 대하여 상호간 의견을 교환하였다. 한국교육원 도서관에 나의 저서, 『사진으로 보는 중앙아시아 고려인의 삶과 기억의 공간』(민속원, 2018), 『조선시집』(박일편, 박환 해제), 「우즈베키스탄 한국교육원의 설립과 활동」(『한국민족운동사연구』 94, 2018)에 대한 논문을 기증하였다.

아울러 우즈베키스탄 한국교육원의 경우처럼 1991년에 중앙아시아 지역에서 최초로 만들어진 알마티교육원에 대하여 자료를 수집하고 싶어 의견을 구하였다. 카즈흐스탄 국립대학교 최미옥교수, 알마티 도스타르학교 교사인 최율가, 교육원 개원 시부터 근무하고 있는 카자흐인 비서 잔나 등을 소개 받았다. 교육원의 경우, 관련 자료 및 사진 등은 소장하고 있으나, 담당자인 강동희선생이 이번 주말 카자흐스탄 칩켄트 세종학당으로 자리를 옮기게 되어 후일을 기약할 수밖에 없어 아쉬웠다.

9시 한글학교 연구 개학식과 더불어 알마티 한국총영사관 전승민 총영사의 특강이 있었다. 한국과 카자흐스탄의 옛 실크로드 부활, K-POP의 인기와 열기 등과 현재 카자흐스탄의 인구부족, 경제상황 등에 대한 귀한 이야기들을 들을 수 있었다. 기사인 아르맥은 아이가 3명인데, 더 낳겠다고 한다. 최소 5-6명. 카자흐정부의 인구증가정책으로 아이를 많이 낳으면 정부의 지원이 많다고 알려주며, 웃음 지었다.

김양희 회장으로부터 수강생의 경우 대부분 고려인, 카자흐인, 그리고 카지흐인을 대상으로 하는 선교하는 부부선교사와 예비 선교사 등임을 알 수 있었다. 교육원에서 도시락으로 점심 식사를 한 후 이곳의 명물인 체리와 빵을 사서 호텔로 향하였다. 호텔 뒤에 있는 천산을 마음에 흠뻑 담고 싶어서였다.

6월 19일 화 맑음

6시 30분 아침 식사를 즐기고, 교육원에서 9시에 첫 강의를 하였다. 이번에 총 6시간이 한국사에 배정되었는데, 화요일 2시간, 수요일 1시간, 목요일 3시간 등이었다. 화요일에는 한국고대사, 수요일에는 고려시대사, 목요일에는 한국사상사와 한국근현대사를 강의할 예정이다. 다소 긴장되고 설레이기도 하였다.

첫날 강의는 한국고대사이다. 학생은 30여명 정도였다. 나이는 20대부터 70대까지 다양하였다. 예비한글학교 교사, 한글학교 교사, 대학교수 등 다양했고, 한국인, 고려인, 카자흐인 등 인종도 다양했다. 특히 카자흐인들이 다수 있었는데 한국어 공부에 열심이고 적극적이었다. 특히 알마티 외에 카자흐스탄 수도인 아스타나, 그리고 고대 유적 도시인 타라스에서도 여러 명의 선생님들이 참여했다.

강의에서는 먼저 한국고대사의 연구 현황과 과제, 연구방법론에 대하여 일차적으로 설명하였다. 아울러 구석기, 신석기, 청동기, 원시공동체사회, 고대국가, 발해 등에 대하여 강의하였다. 고대국가의 설명시는 알마티 근처 천산아래 있는 이식지역의 고대 유적에 대하여도 비교 설명하였다. 골드맨으로 알려진 금으로 된 장식 갑옷을 입은 고 대 카즈흐인과 신라인과의 연계성 등을 가설차원에서 설명해 주었 다. 마침 2016년에 이식유적을 방문하여 찍어놓은 사진들이 있어 효율 적으로 활용하였다. 강의 중 현지인들이 카자흐의 역사에 대한 지식이 부족함을 느낄 수 있었다. 이상하여 나중에 물어보니, 현지인들은 골 드맨 유적이 발견되기 전에는 카즈흐에 자신들의 역사가 있다고 생각 하지 않았다고 한다. 특히 다민족 국가이므로 국민들의 역사의식도 약하고 정체성 또한 약하다고 한다. 점심식사 후 카자흐스탄 대학 최미옥 교수와 인터뷰를 진행하였다.〈별첨〉

6월 20일 수 맑음

아침 6시 반에 식사를 하고 10시에 호텔을 나섰다. 교육원에서 대 구카톨릭대학에서 한국어를 공부한 장원기교수와 기념사진을 찍었 다. 순수하고 점잖아 보였다. 최근 이곳에 정착하기 위하여 이사왔다 고 한다. 독실한 카톨릭 신자로 누님도 수녀로서 알마티 수녀원에 있 다고 알려주었다.

오전에 한국문화강좌를 마친 크질오르다 사범대학에 김이연교수에 게 나의 저서 러시아어판 『사진으로 보는 러시아지역 한인의 삶과 기 억의 공간』(민속원, 2013)을 기증하였다. 책자에 크질오르다의 홍범도 장군의 사진 등 여러 독립운동에 대한 내용들이 크질오르다 학생들에 게 도움을 줄 수 있을 것으로 기대했기 때문이었다. 도서관에 기증 한다고 했더니, 학생들이 쉽게 즐겨 찾아볼 수 있는 한국학과에 두

겠다고 한다. 올해로 탄신 150주년을 맞이하는 홍범도장군 생일인 8월 27일 흉상에 헌화를 부탁해야겠다고 생각하였다.

아울러 다음 주에 침켄트 세종학당으로 근무지를 옮기는 강동희 행정실장에게 『십오만원사건』(김준 저, 박환해제, 민속원, 2018)을 기증하였다. 십오만원 의거의 주역인 최봉설의 가족과 묘소가 그곳 침켄트에 있기 때문이었다. 강동희실장에게 최봉설의 역사적 중요성에 대하여 설명해주었다. 침켄트에도 고려인들이 다수 거주하고 있다고 한다.

점심시간에 카즈흐스탄 국립대학교 한국어과의 이병조교수가 찾아왔다. 이병조 교수는 2년 전 독립기념관이 행한 우즈베키스탄과 카자흐스탄의 독립운동사적지 탐방을 도왔다고 한다. 김도형, 오대록 연구원 등이 다녀갔다고 한다. 귀국하면 독립기념관에서 조사한 내용을 살펴보고 싶다. 아울러 한국학진흥사업단에서 추진하는 씨앗형사업을 하게 되었다고 하니 다행이었다. 2년차 작업에 들어간다고 한다. 『조선시집』, 『십오만원사건』 등을 기증하였더니, 고려인 문학수업에 교재로 활용하겠다고 하는 말을 들으니, 책자를 영인 간행한 보람을 느낄 수 있었다.

한편 남현우원장은 알마티에도 독립운동가후손협회가 있다고 알려주었다. 3.1절행사 등을 주관하는데, 그 열정이 대단하여 큰 감동을 받았다고 한다. 만나보고 싶어졌다.

점심 때 재외동포재단에서 파견된 이명재영사를 만났다. 2013년에 간행한 『사진으로 보는 러시아지역 한인의 삶과 기억의 공간』의 담당자여서 더욱 반가웠다. 첫 만남이다. 1주일 후 귀국하며, 동포지원부에 복귀할 것 같다고 한다. 7월초 동포재단은 제주도로 이사하게 되어 서울 재단의 경우 바쁠 것 같다고 전한다.

점심식사 후 학생들과 함께 대통령궁 정원과 천산에 있는 인공호수인 알마티호수 등으로 소풍을 갔다. 호수에는 비가 내리고 있어 운치를 더하였다. 천산에서 녹아내리는 물로 알마티 사람들의 식수를 공급한다고 한다. 저녁시간에는 〈고기나라〉에서 삼겹살을 먹는 호사를 누렸다. 호텔로 돌아와 천산을 벗 삼아 알마티 맥주를 한잔 마시고 잠자리에 들었다. 천산의 나무꾼이 된 느낌이었다.

6월 21일 목 맑음

오늘은 오전에 수업 3시간을 마치고 오후에는 페이스북 친구인 김숙진님을 만나 고려인관련 조사를 진행할 예정이다. 그녀는 한국에서 서울 시립대 원예환경과를 졸업하고, 카자흐스탄으로 와 아바이사범대 러시아과를 졸업하였다고 한다. 알마티에 거주한지는 12년. 작년까지 교민신문인 카자흐 한인신문 편집장으로 일한 언론인으로 작년부터 우즈베키스탄 타쉬켄트에 거주하고 있다고 한다. 역사에 관심이 많은 열정적인 분이라고 생각된다.

김숙진님과 함께 고려인의 대표적 신문으로 1938년 간행된 『레닌기치』의 전통을 계승한 고려일보사를 방문하기로 했다. 그곳에서 한국어판 주필로 최미옥선생과 입사동기인 남경자 주필을 만나고 싶다, 그리고 그녀에게 『조선시집』과 『십오만원사건』을 전하고 싶다. 가장 이 책의 가치를 알아줄 수 있는 분이라고 판단되었기 때문이다. 다음으로는 새로 이사한 고려극장도 방문해 보고 싶다. 2016년에 알마티 교외에 있던 극장을 방문한 적이 있는데 이번에 카자흐정부로부터 시내에 있는 카자흐 민속음악 연습장을 제공받았다고 한다. 아울러 2007년에 제작된 고려극장 자료집을 한권 구하고 싶었다.

아침에 한국어교육원에 도착하여 3시간에 걸쳐 조선시대부터 한국 현대사까지 강의를 진행하였다. 현대사부분은 아직까지 조심스러운 부분이 있었다. 보수와 진보에 따라 한국현대사를 보는 관점이 달라, 갈등의 소지가 있기 때문이다. 카즈흐인을 대상으로 선교하는 예수교 장료교회 선교사는 이승만 평가에 대한 질의를 하였다. 3교시에는 대한민국임시정부 100주년을 맞이하여 임시정부에 대한 집중적인 강의를 진행하였다.

강의를 마친 후 원장님과 한국어교육의 효과적인 활성화방안에 대하여 논의하였다. 한국어, 한국문화, 한국역사 등과 더불어 체험학습을 통한 한국어공부의 진작방안에 대하여도 검토해 보았다.

점심식사 후 카자흐국립미술관으로 가서 카자흐미술을 살펴보았다. 2년 전에 방문한 곳이라 흥미는 덜하였지만, 카자흐인의 생활 이해에 큰 도움이 되었으며, 그들의 유목민족으로서의 역동성에 큰 감명을 받았다. 이어서 새로 이사한 고려극장으로 향하였다. 아직 이사가 제대로 이루어지지 않은 상황이어서 분위기가 썰렁하였다.

다음으로는 기대하고 있던 고려일보사(1991년 1월 창간)로 향하였다. 큰 건물의 2층에 자리 잡고 있었으며, 시설도 잘 되어 있었다. 한국어 주필인 남경자는 오늘 신문을 간행하는 날이라 몹시 분주하다고 알려주었다. 바쁜 그녀에게 말을 걸기가 쉽지 않았다. 한국의 교수들이 너무 많이 찾아온다고 약간 피하는 눈치였다. 한국에서 가져온 『조선시집』과 『십오만원사건』을 선물로 드렸다. 요사이는 한국어 원고가 들어오지 않아 신문제작에 어려움이 크다고 하소연하였다. 외국어대 황영삼교수, 카자흐스탄 국립대학교 김게르만 교수 등이 원고를 제공해 준다고 한다. 한국의 이혼, 기러기 아빠, 한국인들의 카자흐스탄 방문기 등을 싣고 싶다고 말씀하신다.

남경자 주필과의 아쉬운 면담을 마치고, 고려일보사 도서관에 들렀다. 고려일보 역사를 다룬 책자를 선물로 받고, 자리를 떠났다. 도서관에 어떤 책들이 있는지 살펴본 것은 큰 행운이었다. 한국에서 간행된 여러 책들이 고려일보사에 제공되었으면 하는 아쉬움이 들었다.

이어서 독립운동가협의회 회장 안 스타디 슬라브를 만났다. 조부가 안철이고 독립운동을 하였다고 한다. 회원은 현재 300여명. 조부 안철의 항일운동에 대하여는 좀더 검토의 여지가 있어 보였다. 김숙진님의 안내로 알타이산맥의 꿀과 맛이 있다는 초콜릿을 구입하였다.

6월 22일 금 맑음

아침에 중앙아시아 한국학술회의가 열리고 있는 이냐즈대학으로 향하였다. 비쉬케크 인문대의 백태현교수와 그의 부인, 이냐즈대학의 박 넬리교수, 한국학센터 소장 한 넬리교수, 한국에서 파견된 장호종교수, 이냐즈대학의 강사인 이 따지아나. 우즈베키스탄 니자미사범대학 명 스베트라나 교수 등 다수의 학자들과 만나는 소중한 기회였다.

박넬리교수에게 필자의 저서인 『페치카 최재형』(선인, 2018)과 『박환 교수와 함께 걷다-블라디보스토크』(아람, 2013)을 기증하였다. 박넬리교수는 부모가 모두 얀치혜 출신이라며 반가워하였다. 그리고 1989년 최재형의 아들과 딸 등과 면담을 가진 적이 있다고 알려주었다.

총회에 참석한 후, 점심 후에 우리의 남산과 같은 콕토베를 찾아 유람하고, 한국의 코엑스와 유사한 쇼핑몰인 MEGA를 찾았다. 이 쇼핑몰은 카자흐스탄의 대표적 백화점으로 이정도 쇼핑몰은 키르키즈스탄에는 없다고 한다. 키르키즈스탄에서 오신 젊은 교수들에게 큰 인기였다. 커피숍에서 식민지시대 사회주의 계열의 대표적인 역사학자이자 독립운동가인 계봉우의 증손녀인 계 이리나를 만났다. 반가웠지만 요구사항들에 대하여 개인적으로 답변할 사항이 아니라서 안스러웠다. 홍범도 장군 탄신 150주년을 위한 행사 개최 문제, 최재형기념관 관리운영을 위한 모금액의 전달문제 등이었다.

알마티에서의 즐거운 시간들을 뒤로 하고 밤 11시 20분 비행기로 인천으로 향하였다. 무엇인가 내 몸에 새로운 열정을 심어준 좋은 연수여행이었다.

〈별첨〉

면담록: 카즈흐스탄 한국어교육의 산증인 최미옥(1942년생, 사할린)

일시: 2018년 6월 19일 오후 2시

장소: 카자흐스탄 한국어교육원

알마티 한국어교육원에서 현재 카자흐스탄 국립대 한국어과 교수이며,

카자흐스탄의 대표적인 한글학교인 고려인주말한글학교 교장 최미옥과 그녀의 일생, 『레닌기치』, 한국어방송, 한국어교육원, 카자흐국립대학 한국어과 근무 등에 대하여 이야기를 나누었다.

최미옥의 아버지는 함경남도 덕산군(현 함흥시)출신의 최일화이고, 어머니는 홍옥란이다. 일본인 밑에서 머슴으로 일하던 아버지는 살기 어려워 1939년경 가족들과 함께 무작정 배를 타고 이주하였는데, 도착한 곳이 사할린의 서부의 항구도시이며 탄광도시인 우글레고르스크였다고 한다. 이곳에서 아버지는 공장에서, 어머니는 양복점에서 일하였다고 한다.

최미옥은 7남매 중 둘째이며, 위로 언니가 있었다고 한다. 일제말기 아버지는 창씨개명하였는데, 이름은 후미야마 사가이상이라고 했고, 최미옥은 출생 후 마매꼬라고 했다. 지금 최미옥이라는 이름은 1945년 해방 후에 갖게 되었다고 한다.

1946년 3월 일본인들이 사할린을 떠났다. 해방 후 성장하여 최미옥은 4년제인 유지노사할린스크사범전문학교를 졸업하고, 1960년 톰스크로 이동하였다. 그리고 그곳에서 같은 사할린 출신인 톰스크공과대학생 노중석(1939년생)을 만나 결혼하였다. 남편은 전기, 물리, 가스를 전공하였다. 노중석은 사할린 돌린스크(일본명 오치아이, 落合)출신이며, 생존해 있다. 두 사람 사이에 딸 1명을 두었는데, 딸의 이름은 노영희며, 영국인과 결혼하여 영국에 살고 있다고 한다. 최미옥은 1960년부터 1965년까지 톰스크에 살다 딸이 아파 알마타로 이주하여 지금까지 살고 있다고 한다. 그 후 1966년부터 1983년까지 『레닌기치』(1938.5.15.-1990.12.31.)에 입사하여 일하였다고 한다. 당시 주필은 한 아나겐치 파블로비치(현재 사망)이고, 함께 입사하여 현재까지 일하고 있는 분은 현재 한국어 주필인 남경자라고 한다. 당시 레닌기치사는 막심고라가바 50번지이고, 현재는 10년

전에 이사한 건물인데, 고고리아 2번지, 11층 건물 1층에 위치하고 있다고 한다. 최미옥이 제공해준 사진에서 1983년 레닌기치에서 일하던 인물들의 모습을 전체적으로 살펴볼 수 있다. 한 아나겐치, 정상진, 송진파, 윤수찬, 남경자, 최미옥, 김블라지밀, 김부르트 등.

최미옥은 1984년 5월 독립운동가 황운정의 노력으로 카자흐방송국에 한국어방송이 만들어지자 이곳으로 이직하였다. 한국어방송은 1주일에 3번, 15분씩 하다가 점차 줄어들어 지금은 없어졌다고 한다. 당시 최영근, 김옥려, 박형(박영준, 10년 전 사망) 등과 함께 일하였다. 이들은 1995년 방송국을 방문하여 만나본 적이 있었다. 최영근은 2017년에 서울에서 재회하기도 하였다. 다른 두 분은 이미 작고하였다. 한국어방송에서 1991년까지 일하던 중 초대 한국교육원장 심계철(1995년 사망)의 요청으로 교육원으로 옮겨, 비서 겸 강의를 하였다고 한다. 당시 부원장은 변영전.

한국교육원은 한국과 카자흐스탄의 국교가 수립되기도 전인 1991년 8월 23일 개관하였다. 이 교육원의 개원은 28기술학교 1층을 빌려서 시작되었다. 위치는 소비에트스카야와 프로바노브거리의 교차점. 한국교육원의 설립에는 현재 상원의원이며, 70세정도인 최유리의 도움이 컸다. 그는 현재 니 블라지미르 대통령의 알마티 자산관리처장. 권투선수 출신으로 카자흐선수를 세계2위로 만들어 세인의 존경을 받고 있는 인물이다. 한편 현재 타라즈에 있는 하영복사가 한글학교를 일찍 설립하였다고 한다. 타라즈에서 온 예비 한글학교 교사들에게 물어보니 현재도 목회를 하고 있다고 한다.

최미옥이 한국교육원으로 가게 된 계기는 심계철원장이 한국어 방송국을 방문하여 최영근국장에게 부탁하여 이루어졌다고 한다. 교육원에서 12년 동안 일하며 교육원의 기초를 이루었고, 정년이 되어 퇴직하였다. 우즈베키스탄 한국교육원의 김 이라나와 비슷한 경우라고 생각되었다. 그후 카자흐스탄 국립대학 김게르만 교수의 협조 요청으로 지금까지 16년 동안 카자흐대학 한국학과에서 일하고 있다고 한다. 1988년 올림픽이 한국에서 개최된 이후 카자흐스탄에 한국어 붐이 불기 시작하였다고 전한다.

모스크바 한글학교 교사 연수

2017년 10월 28일(토)-고려인 가수 빅토르 초이

오후 1시 5분 대한항공 모스크바행 비행기에 탑승하였다. 2004년 모스크바를 방문한 이후 13년 만이다. 다소 흥분되고 설레이기도 하였다. 처음 모스크바를 방문한 것은 1992년 1월이 아닌가 한다. 당시 붕괴되는 사회주의 국가의 총본산을 바라본 것은 역사학도인 필자에게는 큰 행운이었던 것 같다. 그 후 3-4차례 더 모스크바를 다녀온 일이 있었고, 이번이 5번 째 정도가 아닌가 기억된다.

모스크바와 서울의 시차는 6시간이다. 비행기는 예정보다 20분 정도 늦은 현지 시간 오후 5시 10분경에 세레메티예보 국제공항에 도착했다. 예전에 방문했을 때보다 훨씬 상쾌한 분위기였다. 얼마 전 모스크바에 첫눈이 왔다는 뉴스를 접한지라 잔뜩 긴장하였다. 입국 수속을 마치고 수화물을 찾는 곳으로 오니 모스크바 총영사로 일하고 있는 김세웅(현, 주이르쿠츠크 대한민국총영사관 총영사)이 마중 나와 있었다. 토요일임에도 불구하고 나와준 동학께 깊은 감사를 드렸다. 공항에서 자가용으로 1시간여를 달려 알르바트 거리 근처에 있는 3성급 호텔인 알르바트호텔에 도착하였다. 자그마한 오래된 호텔이었지만 시설이 생각보다 깔끔하고 좋았다. 1일 숙박료는 4,500루블이었다. BOOKING.COM에 한국어로도 나와 있어 다양한 이용, 예약 등을 사전에 체크해 볼 수 있었다.

호텔에 짐을 풀고 주변에 있는 터키식당으로 가서 터키차, 커피, 터키식 식사를 하였다. 커피의 경우 조그마한 잔에 나왔으며, 물과 함께 커피를 마시는 이채로운 방식이었다. 『몽골제국과 러시아』(선인, 2016)라는 책을 번역하고 아르메니아 바투에서 외교관생활을 한 경험이 있는 김세웅 총영사는 터키식당에서의 경험을 바탕으로 터키에 한번 다녀오라고 권하였다. 모스크바에서 비행기로 2시간 거리에 터키가 있어, 모스크바 사람들과 터키 사람들 사이에 교류가 많다는 말에 새삼 놀랐다. 아시아의 끝인 터키를 방문해 보고 싶었다. 식사 후 주변을 산책하면서, 숙소 근처에 있는 빅토르 초이를 추모하는 노래벽을 가보았다. 최 빅토르 로베르토비치(Цой Виктор Робертович, 1962~1990)는 러시아 록의 전설이다. 그는 가수이자, 시인이자, 작곡가이자, 영화배우였다. 열정과 감동이 넘치는 젊음이 보였다. 저녁 간식을 위해 근처 슈퍼에서 맥주, 굴, 요쿠르트 등을 구입하였다.

식사를 마치고 시차 때문에 곤하게 잠들 시각, 서울에서 고려학술문화재단 설립자인 장치혁회장이 전화를 주셨다. 산운 장도빈을 추모하며, 러시아에서의 한국 고대사, 특히 발해사와 한국독립운동사를 연구 지원하는 고려학술문화재단의 이사장을 맡아달라는 것이었다. 2017년 작고 하신 아버님도 지하에서 좋아하실 것이라는 말씀도 함께 하셨다. 며칠 전 경련이 있었고, 친구들이 세상을 떠나는 것을 보니 준비가 필요하다고 말씀하셨다. 2년 정도 이사장직을 맡아 달라고 하셨다. 3.1운동 100주년을 맞이하여 만주, 러시아지역의 독립운동을 새롭게 재조명 해보고 싶으시다고, 오래된 재단을 그냥 문을 닫을 수는 없지 않겠느냐는 것이었다. 나의 학문연구에 많은 도움을 주셨던 분이었고, 아버님과 같은 분이니, 도와드리고 싶다는 생각이 밀려왔다. 다만 이사장을 맡을 경우, 책임의 한계, 범주, 예산 등에 대한 분명한 언급이 있어야 할 것 같다는 생각이 들었다. 귀국 후, 찾아뵙기로 하였다.

10월 29일(일)-다시 찾은 김규면장군 묘역

일요일 아침 1층 식당에서 호젓하게 홀로 식사를 하였다. 상쾌한 이국에서의 아침이었다. 아담한 정원도 아름다웠다. 식사 후 산책 겸 일단 알르바트 거리로 나섰다. 그리고 어제 잠시 들렀던 고려인 가수 빅토르 초이를 추모하는 담벽에 다시 가보았다. "다함께 노래 부르자"라고 쓰인 벽을 바라보며, 젊은 청춘의 열기와 열정, 그리고 아쉬움을 느낄 수 있었다. 좀더 오래 건강하게 살아남아 직접 만나볼 수 있었다면 얼마나 좋았을까 상상해 보았다. 2019년 여름 카자흐스탄 알마티 산책로에서 아침 산책을 하다 다시 동상으로 서 있는 초이를 만나볼 수 있었다.

알르바트 거리 끝에서 지하도를 건너 10분쯤 걸어가니 도스토예브스키 동상과 더불어 웅장한 모스크바의 레닌도서관이 나타났다. 1990

년대 박 보리스 교수 부녀와 함께 이용해 본적이 있어 더욱 정겨웠다. 일요일이라 휴관 중이었다. 나중에 도서검색을 해보니, 나의 저서인 『사진으로 보는 러시아지역 한인의 삶과 기억의 공간』(민속원, 2013)이 소장되어 있음을 확인할수 있어 감동적이었다.

레닌도서관에서 지하도를 건너 붉은광장으로 향하였다. 오랜만의 방문이라 발걸음이 더욱 빨라졌다. 역사박물관 앞의 쥬코프장군 동상, 박물관에 이어 붉은 광장이 나타났다. 광장의 왼편에는 레닌묘와 크레믈린이, 정면에는 성바실리 사원이, 오른편에는 꿈 백화점이 있었다. 과거에 여러사람들과 함께 답사 방문했었는데. 혼자 그곳을 거닐며 옛 추억에 사로 잡혔다. 혼자오면 혼자 오는 대로 마음껏 볼 수 있는 곳을 볼 수 있어 즐거웠다. 붉은 광장을 보고 다음에는 알렉산더 1세 동상, 정원 등 아래쪽으로 내려가면서 바에 들려 따뜻한 커피 한잔을 하였다. 추위 속에서의 커피 한잔은 행복 그 자체였다. 특히 화장실을 이용할 수 있어 행동에 여유?가 생겼다. 20분 정도 내려가 모스크바강에 도착하였다. TV에서 모스크바 강의 야경들을 본 적이 있어, 와보고 싶었다. 강가에서 그리고 성벽 아래에서도 즐겁게 사진을 찍었다.

붉은 광장에서 돌아오는 길에 알르바트 거리 입구에서 샌드위치를 사먹고, 호텔로 돌아오는 길에 이곳 저곳 상점을 기웃거려 보았다. 상점에서 옛 모스크바 우편엽서 몇 장을 구입하였다. 또한 고서점에 들려 옛 사진첩 등 책자들을 둘러 보았는데 아주 흥미로웠다. 화폐의 역사, 기차의 역사 등에 관한 책들은 더욱 흥미로웠다. 그 가운데는 한국어, 중국어, 한문 등으로 쓰인 책들도 있어 이목이 집중되었다.

오후 3시경 김세웅총영사와 만나 독립운동가 김규면장군 묘역이 있는 노보제비치 수도원으로 향하였다. 2004년인가 참배하고 이번이 두 번째 방문이었다. 김백추라고 적혀있는 그의 묘역은 158번 근처인 131번에 있었다. 1880~1969년이란 생몰연도가 적혀 있었다. 10월 30일에 만난 김백추의 손녀 김 에밀리아(85세)에 따르면, 김백추의 출생은 1881년이 사실에 부합한다고 한다. 김백추의 두 번째 부인인 김 아제즈다의 딸(김백추 사이의 딸은 아님) 김 베라의 남편인 건축가 김 니콜라이 니콜라이비치가 잘못 알고 알려주어 그러한 문제가 발생하였다고 한다. 김 에밀리아는 김백추의 첫 번째 부인인 김성군의 아들 김인덕의 딸이라고 한다. 김 에밀라의 부모님, 그리고 그녀의 일상에 대하여는 고 가영교수가 면담을 통하여 잘 기록해 두었다고 한다. 아울러 김 에밀라가 발간한 2권의 책도 고가영교수가 번역할 것이라고 말한다. 김총영사는 러시아에서 간행한 독립운동가 전기 책자들과 1937년 강제이주시 희생당한 한인관련 책자 16권 모두를 한국에서 간행되었으면 하고 희망하였다. 국가보훈부, 독립기념관 등 유관기관의 협조가 필요한 것으로 판단된다. 노보제비치 수도원을 바라보며, 그 성벽의 치성들과 모스크바 크레믈린 치성 등이 화성의 치성들과 비교되었다. 이에 대한 관심도 필요할 듯 생각되었다.

노보제비치 수도원을 나와 우리는 참새 언덕을 찾아 모스크바 전경과 모스크바 대학을 가보았다. 다시 호텔로 돌아와 지하철을 타고 트레치야코프 미술관으로 향하였다. 그러나 시간이 지나 보지 못하고 모스크바 강 근처의 피자 식당에서 저녁을 먹었다.

10월 30일(월)-모스크바 한글학교

아침에 한울 한글학교 교장인 천미영의 아들 최예찬군을 만나 한글학교가 있는 롯데건물 3층으로 향하였다. 마침 롯데건물 4층에 전러시아고려인협회가 있어 먼저 이곳을 방문하기로 했다. 그곳에 나의 저서인 『사진으로 보는 러시아지역 한인의 삶과 기억의 공간』(러시아어판)을 기증하였다. 아울러 협회로부터 『고려사람』(2014), 『안중근』 등을 기증받았다. 반가운 만남이었다. 복도에 있는 고려인 독립운동가 사진들을 촬영하였다. 이전에 볼 수 없었던 독립운동가 사진들도 있어 큰 도움이 되었다. 『고려사람』 화보에도 보지 못한 사진들이 있었다. 아울러 정치 경제 등 다양한 분야로 나누어 유명한 인물들의 전기를 수록하고 있어 고려인들의 현황을 이해하는데 도움이 되었다. 이후 주변 건물에 있는 쇼핑몰로 가서 감자, 사과, 콜라 등을 메뉴로 점심을 하였다. 최예찬군과 모스크바에서의 대학생활, 어머니와 아버지(최환식목사)가 운영하는 한글학교 현황에 대하여 이야기를 나누었다. 열악한 환경 속에서 선교활동과 한글교육을 하는 모습들이 애처로웠다.

점심 식사 후 한글학교에 가보았다. 사무실 하나가 사무실 겸 강의실이었다. 이것이 모스크바에 있는 선교사들이 운영하는 한글학교의 일반적인 모습이 아닌가 판단되었다. 천미영 교장은 내일 행사준비로 몹시 분주하였다. 그곳에서 김 에밀리아 할머니가 필자를 기다리고 있었다. 그분과는 한국에서도 만난 적이 있어 더욱 반가웠다. 대화를 통해 다음과 같은 사항들을 확인할 수 있었다.

1. 김백추는 1881년생임

2. 김백추 비망록의 원본은 극동문서보관소에 소장되어 있으며, 자신의 소장본은 복사본임

3. 김 니콜라이 니콜라이비치는 김백추의 두 번째 부인의 사위임. 김 니콜라이의 부인인 김베랴는 김나제스다가 다른 부인과의 사이에서 낳은 딸임. 그러므로 김 에밀리아가 김백추의 후손 연금을 받고 있음

4. 김에밀리아의 딸은 모스크바에서 계절형 심리학을 전공했음. 현재 한국에 돈벌러 갔음

5. 최재형장학금 받고 싶으나 현재 한국에서 카페에서 일하고 있음

6. 한국에서 자신의 책을 번역하고 싶다고 함, 현실적으로 어렵다고 박환이 답변함

한글교육원에서 일을 마치고, 저녁 7시반 경 모스크바 근처 휴양소에 도착하였다. 그곳에서 전임 회장인 박소영을 만났다. 그녀는 에카제린부르크에서 성결교, 선교활동을 하고 있었다. 남편은 러시아인과 고려인의 혼혈로, 한국어통역에 능한 선교사이다.

10월 31일(화)-위대한 고려인의 항일여정 특강

10시 반 1층 강당에서 제2회 러시아한글연합회 교사연수가 시작되었다. 처음에 애국가, 국기에 대한 경례, 순국선열에 대한 묵념에 이어, 참석학교 교장들의 학교 소개가 있었다. 모스크바, 예카제린부르크, 볼고그라드, 카잔, 로스토프 등 러시아 전역에서 교장, 교사 등

30 여 명이 참석하였다. 그 가운데 고려인 2명, 러시아인 1명, 타타르인 2명을 제외하면 모두 한국인들이었다. 한국인 가운데에는 로스토프 한국교육원 원장인 정찬윤 교육원장이 있었다. 그는 모스크바와 로스토프 등 전체를 담당하였다. 그리고 교육부에서 파견된 모스크바 국제학교(초·중등교육부 인정)의 임옥례 교장(한국에서 수원거주, 경기도 교육청 소속)등이 있었다. 대부분 교장, 교사들은 선교사 부부들이었다.

러시아지역 한글교육에 정통한 로스토프 한국교육원 원장인 정찬윤 교육원장과 여러 대화를 나누었다.

앞으로는 모스크바와 로스토프지역은 지역 거리상 따로 연수를 진행하는 것이 좋을 듯하다. 두 지역의 거리는 비행기로 2시간. 버스로 16시간. 거리상은 약 1,000KM이다. 작년에는 각각 지역에서 연수가 따로 진행되었다.

러시아에 파견된 한국인 선교사는 약 800명 정도. 대부분 열악한 상황임. 선교사들 덕분에 한글교육이 러시아에서 가능하다고 볼 수 있을 정도이다.

한글학교 교사들은 지금까지 고려인의 역사를 체계적으로 배워본 적이 없어 필자의 강의는 교사들의 흥미를 자아낸 것 같았다. 특히 교사들은 자신들의 선교대상이기도 한 고려인의 역사이었으므로 더욱 관심을 갖고 수업을 경청하였다. 특히 식사시간을 통하여 담소를 나눌수 있었다.

현재 고려인들은 3세까지는 5년비자로 한국에 갈 수 있다. 볼고그라드의 경우 우리민족서로돕기에서 고려인촌을 만들었는데, 현재 1/2

이상이 한국에 돈벌러 간 상태이다. 이러한 현상이 나타난 것은 고려인 정착촌이 농사짓기에 적당하지 않기 때문이다. 농사짓기 적당한 곳은 러시아 남부 로스토프, 크라스노달리 지역 등이다. 그러므로 고려인들이 주로 로스토프 지역에 살고 있다. 크라스노달리 지역도 소치 근처로서 토양이 아주 좋은 편이다. 대화 중, 흥미로운 점은 고려인들이 농사에 편리한 한국의 음력 달력을 선호한다 것이다. 아울러 한국인에게 농사기술을 배운 아르메니아인들이 농사짓는 경우도 많다고 말하였다. 한편 볼고그라드에서 온 고려인교사(1957년생)는 지난 8월 이화여대에서 필자의 강의를 들은 적이 있다고 하여 더욱 반가웠다.

나의 강의는 3시간 진행되었다. 1교시는 러시아로의 한인이주와 러시아의 대한인정책, 2교시는 러시아지역에서의 한인독립운동, 3교시는 고려인 항일영웅들에 대한 것이었다. 강의와 영상을 함께 하는 수업 방식을 취하였다.

11월 1일(수)-최재형 손자와의 마지막 만남

아침 9시부터 10시 20분까지 4번째 강의가 진행되었다. 강의 제목은 1937년 강제이주에 대한 것이었다. 강제이주인가, 정주인가, 강제성 여부 등 다양한 부분에 대한 강의가 이어졌다. 앞으로 이 부분에 대하여는 좀더 심도있는 강의가 이루어질 필요가 있을 것 같다.

마지막 강의를 마치고 교육원장과 함께 모스크바 시내로 향하였다. 모스크바 한국 대사관까지는 2시간 정도 소요되었다. 길이 워낙 막히었다. 대사관 입구에서 김일환 한국문화원장을 만났다. 우연히 교육원장의 비서인 가쟈가 통역으로 나섰다. 구세주 그리스도 대성당을 방문하였다. 그곳에는 알렉산더 2세의 동상도 있었다. 구세주성당도 웅장하고 아름다웠다. 성당과 연결된 다리 위에서 크레믈린의 아름다운 정경을 살펴볼 수 있었다. 아울러 표토르 1세의 동상도 살펴보았다. 그리고 러시아정교를 러시아에 받아들인 십자가를 앞세우고 있는 블라지미르도 보았다.

이후 우리 일행은 박 벨라교수와 최재형의 손자인 최발렌찐을 백학이라는 한국식당에서 만나 즐거운 담소를 나누었다. 최발렌찐에게는 최재형과 관련된 사진 속의 인물들에 대하여 확인작업을 하였다. 2020년 최발렌찐이 불의의 사고로 사망하였다. 이 자리를 빌어 늦게나마 애도의 마음을 전한다.

〈별첨〉 제2회 러시아한글학교협의회 교사 연수 참석자현황

연번	소속	이름	학교위치
1	모스크바한국학교토요중등과정	임옥례	모스크바
2		신경숙	
3	한울학당	천미영	모스크바
4		최환식	
5	모스크바토요한국학교	유옥경	모스크바
6		김준환	
7		전병택	
8	모스크바한글학교	강성규	모스크바
9		김덕희	
10	모한선한글학교	이권덕	모스크바
11		김영락	
12	카잔한글학교	사라토바레기나	카잔
13		살림좌노바 자미라	
14		정문주	
15	예카테린부르그한글학교	박소영	예카테린부르크
16	볼고그라드세종센터	권주영	볼고그라드
17		강성광	
18	따따르한글학교	김영숙	카잔
19		윤수빈	
20		말라호바엘레나	
21	카잔볼가한글학교	주선민	카잔
22	모스크바문화한글학교	하종혁	모스크바
23		이루드밀라	
24		이제경	
25		라드쉐바 베라	
26		바실리에바 알렉산드라	
27	바로네즈한글학교	서지연	바로네즈
28		이성국	
29	사라토브한글학교	서영만	사라토브
30	볼고그라드은혜한글학교	김애리	볼고그라드
31		김릿따	
32		조 나탈리야	

박물관

　　항상 박물관과 인연을 맺고 싶었다. 역사학을 보다 풍성하게 하기 위해서는 유물 유적에 대한 이해가 필수적이기 때문이다. 특히 일찍부터 러시아와 중앙아시아, 중국, 수원과 화성독립운동 실태조사와 생존 지사들의 구술작업에 나섰던 필자에게는 더욱 그러하였다. 10년전 대한민국역사박물관과 최근의 대한민국임시정부기념관의 설립을 계기로 나의 꿈은 조금씩 실현될 수 있었다. 앞으로도 나의 가슴을 요동치게 하는 살아움직이는 역사인 사료들 접하고 싶다. 나의 역사학은 박물관과의 만남을 통하여 더욱 완성의 길로 갈수 있지 않을까 생각해본다.

한중우의공원 전시기획

　　　　2005년도라고 기억된다. 김좌진 장군의 후손인 김을동 씨가 나의 처(장은미) 상가에 찾아와 흑룡강성 해림에 추진 중인 한중우의공원 내 김좌진장군 기념관의 전시기획 및 자료수집을 눈물로서 요청하였다. 200여 평 되는 큰 공간이었다. 큰 부담이 되었지만 국가보훈부의 후원으로 이루어지는 이 작업에 전문가의 도움이 절실한 상황이었다. 개인적으로 어려운 시절이었지만 만주지역의 독립운동사를 통일지향적, 한중우의적 관점에서 정리해 보고 싶은 마음 또한 한편으로 간절하였다. 한국 내에서는 할 수 없는 부분이지만, 중국에서는 가능할 수 있을 것 같았다. 일의 진행 중, 중국 당국 요청에 의해 일부 문구의 수정 등 어려움도 있었지만, 무난히 마칠 수 있었다.

　　당시 황민호, 조규태 박사의 노고에 다시 한번 더 고마움을 느낀다. 이때 전시한 내용들을 도록으로 만들고 싶었으나 예산 등의 문제로 뜻을 이룰 수 없었다. 그 꿈은 이후 『사진으로 보는 만주지역 한인의 삶과 기억의 공간』(민속원, 2018)으로 이루어졌다.

우수리스크 고려인문화센터 전시기획

　　2009년 동북아평화연대에서 우수리스크 소재 고려인
문화센터 1층에 고려인역사박물관과 기념관 전시기획 및 자료들의 제
공을 김승력지부장으로부터 부탁받았다. 이때에도 독립운동관련 내
용의 사진과 자료, 설명 등을 작성하여 제공하였다. 아울러 기획회사
인 〈채움〉을 도왔다. 동북아평화연대 활동은 나의 능력 밖의 일이었
으므로 이에 대하여는 주최측이 담당하도록 하였다. 이 기념관은 지
역 교민들의 전언에 의하면, 러시아 지역의 항일운동을 이해하는데
큰 도움을 준 것으로 판단된다.

　현재는 민속박물관에 의해 전시내용이 민속 중심으로 개편되었다.
민속박물관에서 추진하는 사업에도 위철 연구관의 사진 자료 등 제
공 요청이 있어 협조하였다. 이곳에도 자료제공으로 전시관 말미에 나
의 이름이 명시되어 있다.

우수리스크 최재형 기념관 자료제공 및 감수

　　2018년 독립기념관에 의해 우수리스크 최재형 고택이 기념관으로 개관되었다. 최재형을 역사적인 인물로 부활시킨 필자에게는 큰 감동이 아닐 수 없었다. 최재형관련 사진 및 자료들을 주로 소장하고 있어 제공하는 한편 독립기념관의 요청으로 감수도 시행하였다. 전시관의 한 모퉁이에 필자가 감수했음이 적혀 있어 더욱 보람을 느끼게 된다.

　한가지 안타까운 것은 동의회에서 부회장으로 활동했던 엄인섭의 사진을 개관전 제거한 것이다. 그 이유는 그의 친일 행적 때문이었다. 역사학자로서는 그대로 전시하고 이를 후대에 알리는 것이 더 좋다고 판단하였지만 교민들의 민원으로 인하여 주최측에서 제거하였다.

　기념관 영상실에서 방영하는 최재형 일대기에 필자의 인터뷰 내용들이 나오는 것을 바라보며, 독립운동사 전공자로서의 작은 자부심을 갖게 된다.

유물 자문

      나의 또 다른 관심거리는 박물관의 유물자문이다. 대한민국역사박물관의 조성에 한국민족운동사학회의 대표로서 참석하면서 첫 인연을 맺게 되었다. 유물자문의 경우 전공자로서 해보고 싶은 분야였지만 그동안 기회가 주어지지 않았다. 연세대학교 이승만 연구소 소장 사진 자문을 시작으로 거의 10년 정도 여러 곳에서 자문에 참여하고 있다. 1차사료들을 보는 것은 특히 그동안 알려지지 않은 새로운 자료들을 보는 것은 큰 기쁨이다. 아울러 박물관의 유물담당과 각 분야의 전문가들과의 만남, 토론 역시 흥분되고 즐거운 일이었다. 자문 중 모르는 많은 것들을 배울 수 있는 기회들이 주어지기 때문이다. 신탁근, 정진석, 안승준 선생님 등 여러분과의 만남은 큰 행운이었다.

    대한민국역사박물관의 경험을 토대로 독립기념관, 대한민국임시정부기념관, 서울시 역사박물관, 국립민속박물관, 항공박물관, 한국산업박물관, 국회도서관 기록관, 국가기록원 등 여러 주요 박물관 및 기록관들에서 자문을 계속하고 있다. 아울러 코베이, K옥션 등에서도 가끔 하게 되는데 또 다른 흥분을 자아낸다.

지방에서의 학술자문 또한 흥미롭다. 수원, 용인, 평택, 양평, 인천, 강화 등 경기권과 충남 홍성, 더불어 인천의 한국이민사박물관, 인천에 설립되는 국립해양박물관 등 주제별 박물관에서의 일들도 흥미롭다. 수원박물관과 인천시립박물관, 용인박물관 등에서는 운영위원으로도 일하고 있다.

한편 경기도 지역의 경우 경기도 등록문화재 위원으로 활동하고 있어 인식의 지평을 넓혀가고 있다. 또한 문화체육관광부의 표준영정심의위원으로의 활동도 미술사, 복식사 연구자들과의 만남을 갖게 되어 많은 것을 배우는 기회가 되었다. 그런 가운데 항상 선비로서의 자세를 잃지 말아야겠다고 다짐해본다.

한편 2022년에는 대한민국역사박물관의 〈작은전시〉의 주제인 〈새로 발굴된 상해독립신문〉, 〈해방후 역사학 학회지들〉, 2023년에는 〈3·1운동과 반도신문〉 등을 해제하는 기쁨도 갖게 되었다. 현재 대한민국역사박물관에서 간행되고 있는 『현대사와 박물관』의 편집위원장으로 활동하고 있다.

감사의 글

수원대학교는 나의 가장 소중한 연구의 터전이자 보금자리였다. 이종욱, 이인수 이사장님과 이달순, 박철수, 임경숙 총장님 그리고 정일동, 노경채, 강일휴, 이영림, 양정석 등 사학과 교수들과 곽영직, 윤종걸, 이용관, 김동섭 등 동료 교수들, 박종연, 정명희, 이승원 등 졸업생 및 재학생들께도 깊이 감사드리고 싶다. 특히 고인이 되신 노경채 교수와 인연은 나의 학문적 발전에 큰 도움이 되었다.

서강대 은사님인 이기백, 이광린, 전해종, 길현모, 길현익, 이보형, 차하순, 홍승기, 정두희, 이종욱, 김한규 교수께도 깊은 감사를 드린다. 특히 홍승기 교수께는 이 자리를 빌어 특별한 감사를 드리고 싶다. 인간적으로나 학문적으로도 큰 가르침을 주셨다.

고려학술문화재단, 대한민국역사박물관, 국가보훈부, 독립기념관, 국사편찬위원회, 재외동포청, 안중근의사기념관, 대한적십자사, 수원박물관, 수원문화원, 화성문화원, 인천시립박물관 등 수많은 기관과 이강훈, 최갑룡, 이규창을 비롯한 수많은 독립운동가들, 이종찬, 김을 동, 정철승 등 독립운동가 후손들, 블라디보스토크 총영사관을 비롯한 외교부 이석배 대사, 송금영 대사, 김세웅 총영사, 박상태 영사 등 모든 분들께 감사드린다. 아울러 재중동포학자들인 박창욱, 최홍빈, 김춘선, 유병호, 김태국, 최봉룡, 최봉춘, 손춘일 교수께도 고마움을 전한다. 특히 유병호 교수와의 중국답사는 잊을 수 없다. 또한 최혜주, 조규태, 황민호, 강혜경, 성주현 교수 등 한국민족운동사학회 회원들, 최기영, 정일영 교수를 비롯한 서강대 동문들, 필자의 졸저들을 간행해 준 일조각, 탐구당, 국학자료원, 선인, 민속원, 경인문화사, 역사공간 등 여러 출판사 대표님과 관계자분들께도 고개 숙여 고마운 마음을 전한다.

마포에서 술잔을 함께 기울이며 용기를 잃지 않게 힘이 되어준 박호원, 김광운, 윤관백, 홍종화, 조승연, 유대성 등 여러분께 고마운 마음을 전하며, 친형 이상으로 가르침을 준 고 박호원 박사께 특별히 고마운 정을 표하고 싶다.

또한 항상 후원과 격려를 아끼지 않으시는 장치혁 회장님, 한춘희 여사님, 채양묵 사장님, 안병학 사장님, 안병민 박사, 블라디보스토크의 송지나 교수를 비롯한 옛 벗들인 조경재, 유영대, 양대령을 비롯하여 박유은, 이창준, 장원구, 재외동포청의 김봉섭, 배우 황건, 국가보훈부의 이선우, 최기용, 김성민, 김정아님께도 인사를 올리고자 한다. 수원의 벗인 박영양 원장님, 한동민, 이동근 박사, 윤의영 동학, 페북 친구인 한상언영화연구소 한상언님께도 각별한 인사를 전한다. 박물관으로 이끌어준 청암대 김인덕 교수, 대한민국역사박물관의 김시덕, 황보명, 염경화, 국성하, 이용석 선생께도 감사를 드린다.

부족하고 아쉬움도 있지만 후학들의 연구들을 기대한다. 앞으로 새로운 주제, 새로운 글쓰기에 도전해 보고 싶다. 끝으로 역사학자의 길로 들어서게 해주신 조부 박장현, 선친 박영석님께 진심으로 감사드리며, 어머니, 형제들께도 고마움을 전한다. 아울러 함께 독립운동사를 공부하는 자녀, 박경, 박찬에게 4대 역사학자의 짐을 지움을 기쁨과 미안함으로 표현하고 싶다. 항상 하늘에서 지켜보아 주는 장은미님께 그리고 아내 김신영과 박윤, 사위 서완석에게도 감사의 인사를 전한다. 끝으로 항상 웃는 얼굴로 책자 간행을 허락해 준 선인출판사 윤관백 대표와 편집 간행에 애써 준 박애리 실장을 비롯한 여러분께 감사드린다.

2023. 6.
청헌 박 환